자율주행차와
반도체의 미래

누구나 쉽게 읽을 수 있는
차량용 반도체 비즈니스 이야기

자율주행차와
반도체의 미래

초판 1쇄 인쇄 ㅣ 2023년 03월 20일
초판 2쇄 발행 ㅣ 2023년 03월 30일

지은이 ㅣ 권영화
펴낸이 ㅣ 최화숙
편집인 ㅣ 유창언
펴낸곳 ㅣ 이코노믹북스

등록번호 ㅣ 제1994-000059호
출판등록 ㅣ 1994. 06. 09

주소 ㅣ 서울시 성미산로2길 33(서교동) 202호
전화 ㅣ 02)335-7353~4
팩스 ㅣ 02)325-4305
이메일 ㅣ pub95@hanmail.net ㅣ pub95@naver.com

누구나 쉽게 읽을 수 있는
차량용 반도체 비즈니스 이야기

자율주행차와 반도체의 미래

권영화 지음

이코노믹북스

자율주행차로 인한
반도체 시장의 변화

정인성

(「반도체 제국의 미래」 저자)

　일반적으로 산업들은 성장기를 거쳐 성숙기에 들어선다. 산업 초기에는 제품 수요 자체가 충족되지 않았기 때문에 신규 생산 설비가 들어설 때마다 그대로 매출이 증가하지만, 시장 수요가 충족되면 그때부터는 한정된 수요를 두고 회사 간의 경쟁이 펼쳐지기 때문이다. 예를 들면 석유 회사인 쉘(Shell)사는 2005년과 2020년의 매출이 비슷하다. 석유는 산업의 필수품이긴 하지만 갑자기 자동차의 연비가 반으로 줄어들거나, 화학제품이 필요로 하는 석유가 두 배로 늘어날 수는 없기 때문이다.

　하지만 이런 트렌드에 반기를 드는 듯한 시장도 있다. 바로 반도체 시장이다. 반도체 시장은 1987년 말부터 2022년까지 20배가 넘게 성장하였는데, 이는 일반적인 성숙 시장에서 보기 힘든 강력한 성장력이다. 2023년 현재 중국의 락다운과 우크라이나-러시아 전쟁 등으로 인해 당장 올해의 시장 성장엔 의문이 생겼지만, 5년~10년 뒤 반도체 시장이 성장하지 않을 거라 생각하는 사람은 거의 없다고 본다.

이런 일이 가능한 이유는 반도체가 혁신의 동반자이기 때문이다. 현대 산업에서 석유는 크게 에너지 공급 그리고 화학 산업의 원자재로 두 가지 역할을 한다. 새로운 기술이 나올 때마다 조금씩 세부 응용은 달라지긴 하지만 기본적 용도는 같다. 하지만 반도체는 다르다. 초기에는 거대 메인프레임에 사용되었고, 이후에는 PC와 노트북, 스마트폰, 서버 등 지속적으로 사용처가 넓어졌다. 그리고 이 제품들은 모두 세상을 바꿔놓은 발명품들이다. 반도체는 새로운 혁신의 마중물이었기 때문에 PC가 등장했을 때, 스마트폰이 발명되었을 때, 클라우드 시대가 열렸을 때, 폭발적으로 성장할 수 있었다. 달리 말하면 혁신이 일어나는 곳을 살펴보면 반도체 시장의 미래를 알 수 있다는 사실이다.

한편 최근 IT 분야에서 가장 뜨거운 분야는 자율주행차이다. 미국인은 1년에 약 293시간을 자동차 안에서 보낸다. 달리 말하면 자동차란 플랫폼에서 운전의 번거로움을 없애줄 경우, 한 사람의 고객이 차 안에서 293시간을 보내는데 필요한 무언가를 팔 기회가 생긴다는 점이다. 이 시장이 IT 시장의 혁신가들에게 매력적일 수밖에 없는 이유이다. 참신한 아이디어들이 대거 나타날 거고, 그만큼 경쟁도 치열하고 변화도 클 것이다. 심지어 자동차가 아닌 각종 신형 주행장치들도 293시간을 차지하기 위해 도전장을 던진다. 그리고 이런 변화는 위에서 살펴보았던 스마트폰 등의 혁신들에 뒤지지 않을 정도로 거대해졌다

이 책은 현재 플랫폼 시장에서 가장 뜨거운 주제인 자율주행차를 다루고 있다. 전동화와 자율주행화 등으로 인해 앞으로 수년간 자동차가 겪을 변화는 과거 100년간 자동차가 겪었던 변화보다 더욱 클 거로 생각된다. 그리고 그 과정에서 반도체 수요가 늘어나겠지만, '어떤' 반도체가 늘어나는지 알아내기 위해서는 반도체뿐만 아니라 자율주행차 산업 중 반도체가 엮인 부분을 알 필요가 있다. 예를 들어 자동차가 완전 자율주행화되면 사람들이 차 안에서 이동하는 동안 각종 영화를 보고 쇼핑을 하는 미래가 올지도 모른다. 그렇게 되면 자동차는 지금보다 더욱 거대한 스크린이 필요해지고, 이에 맞는 그래픽 처리장치와 메모리 등의 수요가 늘어나게 된다. 자동차의 움직이는 에너지원(V2L)으로서의 역할이 더 강해지면 각종 BMS에 사용되는 로직과 화합물반도체의 수요가 늘어나게 될 것이다.

반도체 산업에 기초적 소양을 가진 분들 중, 자율주행차로 인해 반도체 시장이 어떻게 변화할지 궁금한 분들에게 이 책을 추천한다.

차량용 반도체 시장의 미래

이승수

(인피니언테크놀로지스코리아 대표이사)

현재 우리는 모든 게 너무 빨리 변화하는 환경에서 살아가고 있습니다. 세계는 점점 도시화되어 가고 자원이 고갈되어 가고 있으며, 디지털 기술은 다양한 형태로 변화합니다.

이렇게 급변하는 글로벌 트렌드를 보면 왜 우리의 삶에 반도체가 중요하게 자리 잡았는지 알 수 있습니다.

그 중에서 가장 화두가 되고 있는 자율주행, 미래 모빌리티를 이야기하려면 반도체를 빼놓고는 논할 수 없습니다. 코로나 팬데믹을 겪으면서 차량용 반도체의 수급문제는 전 세계적으로 가장 뜨거운 감자로 떠올랐습니다. 아마도 수천 종의 반도체를 충분히 수급하려면 수년이 더 걸려 안정화되리라 생각됩니다. 일부 반도체는 안정화되지 않을 수도 있습니다.

모든 게 디지털화되어 가는 지금, 미래엔 현재보다 더 많은 분야에서 반도체가 필요하게 됩니다. 많은 국가가 반도체 산업에서 우위를 차지하기 위하여 사활을 걸고 있는 이유일 겁니다.

이 책의 저자 권영화 교수님은 풍부한 지식과 경험을 바탕으로 반도체 시장, 특히 차량용 반도체의 현 상황에 대한 이해와 미래의 트렌드를 정확하게 제시해 주고 있습니다.

차량용 반도체를 넘어서 미래 모빌리티로 나아가기 위한 시점에서 주요 반도체 회사들의 주력점과 특징을 잘 분석하여 설명해 주고 있으며, 앞으로 우리가 어느 분야에 중점을 두고 미래 전략을 세워야 하는지를 통찰력 있게 이야기해 줍니다.

반도체 시장의 미래 먹거리라 부를 수 있는 와이드 밴드 갭 반도체(SiC와 GaN)에 대한 세세한 설명과 시장 상황에 대한 의견은 전문가들에게도 아주 흥미로운 부분이었습니다.

반도체 관련 업계에 종사하는 분들, 반도체 학과에서 열심히 공부하는 학생들, 세계 경제 흐름에 관심이 큰 분들, 반도체 시장에 대해 지식이 필요한 모든 이들에게 이 책을 추천하고 싶습니다.

자율주행 반도체 시장의
이해

최리노

(인하대학교 신소재공학과 교수 · 「최리노의 한권으로 끝내는 반도체 이야기」 저자)

나는 차량용 반도체에 대한, 아니 차량용 반도체가 중요하다고 말하는 사람들에 대한 불신이 있었다는 거를 우선 고백해야겠다. 얼마 전 현대자동차를 포함해 GM, 포드 등 완성차의 생산 차질을 빚게 했던 반도체 공급 부족 사태가 있었다. 자동차는 처음부터 전자부품들을 기반으로 만들어진 제품이 아닌 관계로 새로운 기능의 부품들이 들어올 때마다 그 기능을 제어, 연산하는 시스템 반도체들을 제각각 따로 만들어 가질 수밖에 없었다. 그러다 보니 반도체 측면에서 매우 단순한 기능을 갖는 값싼 제품들을 소량으로 많이 생산해야 될 수밖에 없었다. 파운드리 측면에서 그러한 제품은 이윤이 많이 나지 않으므로 생산에서 후순위로 밀릴 수밖에 없었다. 그러다 보니 반도체 수요의 갑작스런 증가 국면에 제일 먼저 생산이 이루어지지 않는 제품이 될 수밖에 없었다. 내가 이해하는 바의 자동차용 반도체 공급망에 대한 문제였다.

그런데 어느 순간 이 차량용 반도체 공급 부족 문제가 차량용 반도체가 매우 어렵고 중요한데 하지 않아서 생긴 문제로 논리가 바뀌더니 SiC나 GaN과 같은 전력반도체를 해야 한다는 결론으로 가고 있었다. 물론 이러한 전력반도체나 자율주행을 위한 차량용 반도체가 중요하다. 그러나 그 중요함을 강조하기 위해 상황을 오도할 필요는 없지 않을까?

이러한 문제는 차량용 반도체에 대한 일반 대중의 전반적인 이해도가 떨어지는 데 기인한다. 그래서 권영화 교수님의 책은 더욱 반갑다. 처음 이 책의 추천을 의뢰받았을 때만 해도 비기술적인 반도체 책에서 많이 보이는 반도체 회사들의 경영 데이터를 기반으로 쓴 그렇고 그런 책 중 하나이겠구나 생각하였다. 그러나 책을 읽어가며 권교수님의 시장과 제품을 보는 눈이 매우 정확하시다고 느껴서 배우는 자세로 책을 읽어나갔다.

모쪼록 많은 분들이 이 책을 읽고 차량용 반도체, 아니 반도체 시장과 제품에 대한 이해도를 높였으면 한다. 특히 정책을 만들어 가시는 분들께서 이러한 책을 통해 자율주행용 반도체에 대해 정확히 이해하고 그에 맞는 좋은 정책을 만들어 주기를 바라본다.

모빌리티 시대에
반도체 시장의 성장 변화

이성동

(APACT 대표이사)

최근 정보기술(IT) 관련 기사뿐만 아니라 일반 언론기사를 통해 '모빌리티'란 단어가 자주 등장하고 있다. 모빌리티란, 사람과 사물의 이동성을 제공하는 이동수단 혹은 지능형 서비스, 직역하면 '이동성'으로 해석되나 '이동하기 위한 수단'이나 '그러한 수단을 제공하는 서비스' 등에 총칭하여 사용된다. 운전자 없이 주행이 가능한 자율주행차를 비롯하여, 주차 및 대리운전 플랫폼 및 Big Data를 이용한 맞춤형 이동수단의 예약 및 비용 정산 등과 같은 서비스도 포함한다.

앞으로 다가올 모빌리티 시대의 미래엔 운전자가 필요 없는 완전 자율주행 시대가 도래한다. 우리가 어렸을 때, 미국 드라마나 공상과학영화에서나 볼 수 있었던 자율주행차와 하늘을 나는 승용차 등이 반도체 기술의 집약적인 발전으로, 꿈이 아닌 현실로 비교적 가까운 미래에 실현가능성이 있을 만큼 우리 곁에 성큼 다가왔다.

이 책은 이러한 모빌리티 시대를 준비하기 위한 선행과제로, 현재 플랫폼 시장에서 핫이슈인 자율주행차와 Automotive 반도체 기업 (IDM 기업/ 팹리스 기업/ 파운드리 기업/ 국내 주요 차량용 반도체 관련 기업/ 글로벌 자동차 그룹/ 빅테크 기업)에 대해 다루고 있고, 미래의 자율주행용 반도체 소자에 대해서도 서술하고 있다.

자율주행차와 반도체에 대해 연구 개발하는 기업들과 현재 시장 상황을 비교분석 조사해서, 일반인도 쉽게 이해할 수 있도록 구성되어져 있고, 차량용 반도체를 만드는 주요 업체 현황에 대해 기술하면서, 앞으로 우리가 나아가야 할 방향을 제시하고 있다.

미래 고부가가치 산업인, 자율주행차 시대의 본격 개막이 예고되면서, 반도체 산업을 빼놓고선 이해할 수 없는 현재의 상황을, 이 책은 논리적으로 구분하면서 잘 설명하였고, 새로운 자율주행차와 반도체 그리고 관련된 기업에 대한 많은 정보를 담고 있다.

이 책을 읽음으로써, 앞으로 다가올 모빌리티 시대의 핵심인 자율주행차와 차량용 반도체 시장을 준비하는 기업들에 대하여 쉽게 파악할 수 있으며, 반도체 산업의 성장 및 미래의 일거리 창출 관련해서도 많은 도움이 될 거 같다.

IT 기업이나 반도체와 관련된 기업에 종사하는 경영진 및 구성원들이 모빌리티 산업 구조 및 시장을 더욱 쉽게 이해할 수 있도록 서술되어 있으며, 앞으로 다가오는 모빌리티 시장의 주도적 대응 및 역할에 많은 도움이 되리라 생각하며, 특히 향후 모빌리티 산업에 진출하고자 하는 이공계 대학 학생들에게는 꼭 읽어 보기를 권하고 싶은 도서이다.

모빌리티 시대가 본격적으로 도래하게 되면, 모빌리티는 반도체 산업을 이끌어갈 가장 중요한 시장이다. 본인도 반도체 업계에 종사하면서 많은 경험과 지식을 쌓았지만, 이 책만큼 자율주행차와 반도체 그리고 연구개발 기업에 대하여, 이해하기 쉽게 설명된 책은 없는 거 같다. 자율주행차로 인해 반도체 시장의 성장 변화, 향후 모빌리티 시대의 성장 변화와 대처에 관심이 많은 분들에게 이 책을 읽어 보기를 간곡히 추천한다.

자율주행차와
차량용 반도체

이효승
(네오와인 대표이사 · 한국팹리스산업협회 부운영위원장)

권영화 교수의 자율주행차와 반도체의 미래에 관한 책은 참 시의
적절하다. 인공지능 산업은 2030년까지 2,500조 원, 인공지능 반도
체는 280조 원의 시장을 형성할 거라고 한다. 이런 추세라면 조만간
AI 반도체가 메모리 시장을 뛰어넘는 상황도 올 수 있다고 본다. 미
중 반도체 경쟁의 결과 국민과 언론의 반도체에 관한 관심과 지식은
상당한 수준이 되고 있다. 전문가들이 나서서 현재의 상황에 대해서
정리하고 통찰력 있는 지식을 주는 게 필요하다. 반도체는 먹고사는
문제를 넘어서 죽고 사는 문제라 한다.

차량용 반도체를 만드는 건 사실 쉽지 않다. 자동차 시장이 연간
1억 대 정도인데 휴대폰 12억 대에 비하면 작은 시장이다. 또 자동차

용 반도체라 해서 더 비싼 값을 주지도 않는다. 통상 반도체의 수명 주기는 5년 이내인데 자동차는 A/S 포함 30년 이상의 공급을 원하기도 한다. 게다가 자동차용 반도체 중 AEC Q100 1등급의 동작온도는 155도에서 영하 40도까지 요구된다. 이런 온도에서 동작하는 반도체를 생산하는 파운드리는 많지 않다. 게다가 ISO 26262 같은 인증 비용과 인력은 만만하게 볼 게 아니다.

그동안 한국 팹리스 회사들이 자동차용 반도체 개발에 관심이 없었던 건 이런 이유 때문이었다. 그런데 1불짜리 MCU가 없어서 자동차를 생산하지 못하는 상황이 되었다. 자동차용 반도체를 홀대할 게 아니고 값을 올려주고 국내만이 아니라 여러 나라 유수한 회사에도 공급 가능한 상황이 되어야 한다. 그런 의미에서 자동차 회사가 자체적으로 반도체를 개발하고 자사만을 위한 반도체를 생산하는 거에 대해서 필자는 비관적이다. 반도체는 개발비는 엄청나고 양산단가는 낮은데 결국 판매 수량이 뒷받침되어야 유지될 수 있는 산업이다. 그러다 보니 국내 자동차 회사에 중요 반도체를 공급하는 회사는 많이 없다. 또 자동차 회사의 진입장벽을 넘고자 하는 회사도 그다지 많지 않다.

그런데 자동차용 반도체는 2022년 현재 67조에서 2030년까지 매년 11% 성장하여 160조 원에 달하게 된다. 앞으로 자동차가 단순한 운송수단에서 컨텐츠를 제작하는 스튜디오로 변하는 상황을 생각해 본다. 완전 자율주행이 시작되면 자동차 안에서 잠자고 휴식하고 영화를 보고 수다를 떨 수 있는 공간이 될 것이다. 차량이 도로만이 아니고 자율주행 드론으로 변해서 날아갈 수 있는 날들이 찾아오고 있다.

자율주행차에 대한 상상력을 차량용 반도체가 구체화하고 있다. 명절에 도로에서 열 시간씩 운전대를 잡고 고난의 행군을 같이한 아빠들과 안쓰럽게 지켜보는 아내 그리고 장시간 운전을 참고 견뎌온 세대들에게 즐거움을 주는 차량용 반도체를 팹리스 기업과 엔지니어들이 창조하고 있다. 이 책이 국가 예산을 들여서 국민에게 어떤 즐거움을 줄지 생각해 보는 정치인과 관료들 또 국민들에게 새로운 시각을 제시해 주기를 바란다.

서론

최근 반도체 산업은 전 세계적으로 많은 관심을 받고 있다. 많은 국가가 반도체 산업이 국가의 미래를 좌우할 수 있는 매우 중요한 산업이라는 거를 깨닫게 된 결과이다. 실제로 반도체는 4차 산업을 발전시켜 나아가기 위한 중요한 인프라이다. 반도체가 제대로 개발되지 않으면 4차 산업의 성장도 불가능하다. 미중 간 갈등의 주요 부분도 바로 중국의 반도체 산업의 성장속도가 매우 빠르기 때문에 미국이 큰 위협을 받게 되었기 때문이다. 마찬가지로 지금 한국 정부도 반도체 산업을 더욱 육성하기 위해 사활을 걸고 있는 상황이다. 특히 한국 반도체 산업은 경제의 20% 정도를 차지할 만큼 매우 중요한 산업으로서 이미 자리를 잡고 있다. 반도체 산업이 몰락하게 되면 한국 경제도 몰락할 수밖에 없는 거로 보인다.

현재 반도체는 다양한 애플리케이션에 사용되고 있으며 앞으로도 더욱 다양한 애플리케이션으로 확대될 거로 예상된다. 그중에서 가장 주목을 받고 있는 애플리케이션은 바로 자율주행차이다. 지금 많은 국가의 기업에서 자율주행차를 경쟁적으로 개발하고 있다. 그만큼 자율주행차는 중요한 미래의 먹거리이기 때문이다. 자율주행차는 이미 레벨 3의 단계에 진입하고 있으며 앞으로 언제가 될지는 아직 알 수 없지만 꿈에서 보던 레벨 5의 완전 자율주행차의 시대를 맞이하게 될 날도 그리 멀지 않았다.

모빌리티란 개념도 더 이상 생소한 개념이 아닌 이미 우리의 일상적인 생활의 일부가 되고 있다. 하지만 이런 꿈의 시대가 오기 위해선 무엇보다 반도체의 역할이 중요하다. 반도체의 성능이 지속적으로 개선되어야만 이런 시대를 맞이할 수 있기 때문이다. 나아가 자율주행차를 포함한 모빌리티에 필요한 반도체의 수량도 급격하게 증가하고 있다.

지금 내연기관 자동차에 사용되고 있는 반도체는 불과 300개 정도의 수준에 불과하지만 레벨 5의 완전 자율주행차로 발전하게 되면 100배 이상 증가하게 될 가능성도 높다(물론 앞으로 테슬라의 자율주행차는 반도체가 아주 많이 늘어날 거로 보이지 않는다). 자동차가 기계장치가 아닌 전자 디바이스로 발전하여 스마트폰과 같이 변화하게 됨에 따라 차량의 곳곳에 반도체가 사용될 거로 보인다. 앞으로 자동차는 더 이상 이동수단만의 역할을 하지 않는다. 이동은 기본이 되고 차량 내에서 활동이 더 중요해지게 된다. 한마디로 자동차는 우리의 생활과 밀접하게 연관되어 있는 라이프 플랫폼(Life Platform)으로 바뀌게 되는 셈이다.

탑승자들의 다양한 활동을 만족시키기 위해 차량의 내부에 많은 디바이스가 장착된다. 이에 따라 차량 내부의 각종 디바이스엔 기존의 차량에 사용되지 않았던 여러 종류의 반도체가 탑재되어 이동하는 동안 탑승자들의 니즈를 충족시켜준다.

뿐만 아니라 앞으로 모빌리티의 종류도 매우 다양해지게 된다. 이에 따라 모빌리티엔 많은 반도체가 사용될 거로 예상하고 있다. 미래의 모빌리티에도 반도체가 핵심역할을 하게 되는 것이다. 따라서 모빌리티는 반도체 산업을 이끌어 나아가는 핵심동력이 될 거로 보인다. 물론 미래에 모빌리티 산업이 어떤 방향으로 발전해 나아갈지 아직 정확하게 알 수는 없다. 하지만 최근 다양한 모빌리티가 조금씩 모습을 드러내고 있기 때문에 어느 정도 미래를 예측하는 건 가능하다.

한편 지금도 차량용 반도체의 부족은 계속해서 이어지고 있다. 물론 앞으로 차량용 반도체의 부족은 몇 년 내 거의 해결될 거로 보인다. 하지만 모빌리티 시대의 도래에 따라 언제라도 반도체 부족사태는 재현될 가능성이 있다. 이에 따라 대부분의 모빌리티 기업은 반도체를 내재화하려는 움직임을 보이고 있다. 그만큼 반도체가 모빌리티 기업에도 중요하기 때문이다. 특히 반도체를 내재화하는 건 모빌리티 기업에 경쟁력의 원천이 된다.

이 책에서는 차량용 반도체에 대한 전반적인 상황을 살펴보고, 나아가 자율주행차를 포함한 모빌리티 시대에 반도체의 미래에 대해 전망해 보고자 한다. 특히 반도체 기업에 재직 중인 사람뿐만 아니라 모빌리티 기업에 종사하고 있는 사람들에게도 많은 도움이 될 수 있기를 바란다.

2023년 2월
권영화

차 례

Part 1 **자동차와 반도체**

01 차량용 반도체 수요의 폭발

02 자동차에 사용되는 다양한 반도체

03 차량용 반도체의 쇼티지 현황

Part 2 모빌리티와 반도체

04 자동차 산업에서 모빌리티 산업으로

05 반도체 기업들의 모빌리티 시장 진입

Part 3 자율주행용 반도체 비즈니스의 미래

PART

1

자동차와
반도체

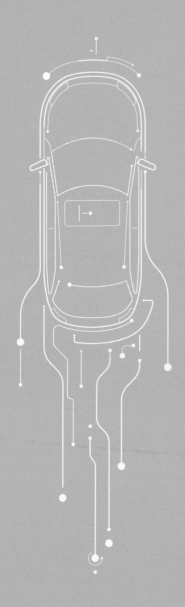

처음 자동차가 세상에 출시되었을 때 자동차에 반도체가 전혀 쓰이지 않았다. 기본적으로 자동차 산업의 역사가 반도체 산업의 역사보다 길기 때문이다. 자동차 산업은 이미 100년이 훨씬 넘은 산업이지만 반도체 산업이 발전하기 시작한 건 불과 50여 년에 불과하다. 실제로 불과 10여 년 전만 해도 반도체가 없어도 자동차를 만들 수 있을 정도로 반도체는 자동차에 그리 중요한 부품이 아니었다. 하지만 최근 반도체가 부족해서 자동차를 만들지 못하고 있는 거를 보면 자동차에 반도체가 얼마나 중요한 부품이 되었는지 깨닫게 된다. 그만큼 자동차 산업에서 많은 변화가 이루어져 왔다는 거를 알 수 있다.

자동차 산업의 본 고장은 미국이다. 미국을 시작으로 점차적으로 전 세계로 확산하게 된 것이다. 지금도 미국은 자동차의 생산 대수가 가장 많을 뿐만 아니라 차량용 반도체의 매출도 가장 높다. 다음은 일본, 독일과 한국의 순으로 자동차의 생산량과 차량용 반도체의 매출 비중이 높다.

최근 자동차에 사용되는 반도체가 점점 늘어나고 있다. 과거 약 13년 전 필자가 일본계 반도체 상사에서 차량용 반도체 영업을 할 때만 해도 자동차에 쓰이는 반도체는 그리 많지 않았다. 많아 봐야 불과 몇 십 개밖에 되지 않았으며 차량용 반도체 판매를 위한 인증을 획득하고 있는 기업도 많지 않은 상태였다. 하지만 지금은 훨씬 많이 늘어 내연기관 자동차는 300개가 넘게 쓰이고 있으며 전기자동차에는 1천 개가 넘게 쓰이고 있다. 조만간 자율주행차로 바뀌게 되면 3천 개 이상 쓰일 거로 예상된다. 그만큼 자동차에 반도체는 필수부품으로 자리 잡게 되었으며 앞으론 자동차에 반도체가 더욱 중요한 부품이 될 거로 보인다.

현재 전체 반도체 중에서 차량용 반도체가 대략 10% 정도를 차지하고 있지만 앞으로 완전 자율주행으로 발전하게 되면 15% 이상 차지할 거로 예상하고 있다.

〈그림 1〉 차량용 반도체 적용 분야별 비중

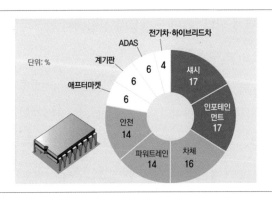

자료: IHS

최근 출시되고 있는 전기자동차를 보면 과거에 우리가 보던 자동차라기보다는 마치 첨단전자제품 같은 느낌이 들기도 한다. 자동차가 지속적으로 발전하게 되면 바퀴가 달린 스마트폰처럼 바뀌게 될 가능성이 높다. 자동차에 반도체의 사용이 늘어남에 따라 자동차는 단지 이동의 수단이 아닌 다양한 기능을 할 수 있는 전자제품으로 바뀌어 가고 있다. 그리고 자동차에 반도체의 사용이 늘어나면 늘어날수록 자동차의 기능도 다양해지게 된다. 나아가 자동차가 완전 자율주행차로 전환하게 되면 자동차는 더 이상 기계장치가 아닌 전자 디바이스로 바뀌게 되는 셈이다.

〈그림 2〉 차량용 반도체 종류별 점유율 (2021년 기준)

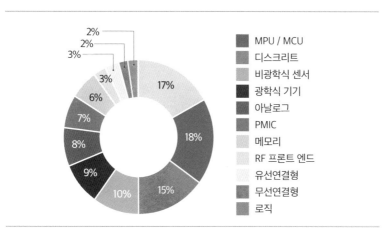

자료: 가트너, 모건스탠리

특히 많은 국가가 10년 내 내연기관 자동차의 생산을 중단한다는 발표를 하였다. 이렇게 되면 10년 후 자율주행차는 우리가 도로에서 흔히 볼 수 있는 더욱 일반적인 차량이 될 거로 예상된다. 나아가 자동차는 더 이상 우리가 알고 있는 기존의 자동차가 아닌 새로운 개념의 전자제품이 되는 셈이다. 따라서 지금 자동차 산업은 패러다임의 전환기에 있으며 그 중심엔 반도체가 있다고 해도 과언이 아니다. 더욱이 반도체의 성능에 따라 자동차의 성능도 결정되게 된다. 따라서 앞으로 자동차와 반도체는 더욱 밀접한 관계를 유지해 나아갈 수밖에 없으며 반도체 기술의 발전에 따라 자동차 산업의 발전 속도도 결정될 거로 보인다.

뿐만 아니라 미래에 자동차 제조업은 사양 사업이 될 가능성이 크다. 공유경제의 발전에 따라 사람들이 자동차를 굳이 구입하려 하지 않을 것이므로 자동차 수요는 감소하게 되기 때문이다. 하지만 완성차 기업들은 부족한 수요를 메우기 위해 모빌리티 산업으로 더욱 확장할 가능성이 높다. 다시 말하면 자동차의 판매가 감소하지만 많은 모빌리티(모빌리티는 움직이는 모든 게 될 수 있지만 반드시 IT 기술의 접목이 필요하다)가 새롭게 생기게 됨에 따라 자동차 기업들은 생존을 위해 모빌리티 분야로 다각화할 수밖에 없다. 이에 따라 반도체 기업들도 다양한 모빌리티 분야로 애플리케이션을 확장하게 될 것이다.

01 ▷ 차량용 반도체
수요의 폭발

　　최근 차량용 반도체의 수요가 폭발하고 있다. 하지만 그동안 차량용 반도체는 그리 중요한 부품이 아니었다. 과거 자동차에 사용되는 반도체의 수량이 그리 많지 않았기 때문에 대부분의 반도체 기업이 차량용 반도체를 그다지 중요하게 생각하지 않았다. 이는 자동차 관련 기업들도 마찬가지이다. 코로나 19가 발생되면서 자동차의 수요가 크게 줄 거라는 예상으로 자동차 관련 기업들은 반도체의 재고를 많이 쌓아 놓지 않고 있었다.

　반면 코로나 19로 인해 재택근무가 일상화되면서 비대면에 따른 컴퓨터와 IT 제품에 들어가는 다양한 반도체의 수요가 급격하게 증가하였다. 그러다 보니 반도체 기업들은 차량용 반도체는 소홀히 여기고 다른 일반 반도체들을 보다 중시하여 이들 반도체를 위주로 생산하려 노력하였다. 나아가 자동차 관련 기업들이 차량용 반도체의 주문을 줄임에 따라 반도체 제조기업들은 차량용 반도체의 생산라인 대부분을 일반 반도체 생산라인으로 전환하게 되었다.

하지만 코로나 19가 한창인 시점에 억눌린 소비가 폭발하여 오히려 자동차의 수요가 급증하면서 차량용 반도체의 수요도 덩달아 증가하였다. 그리고 반도체 제조기업들은 이미 차량용 반도체 생산라인을 축소함에 따라 당장 차량용 반도체를 생산하기 어려운 상황에 이르게 되었다. 특히 과거와 달리 자동차에 들어가는 반도체의 수량이 최근 들어 급증하면서 반도체 기업들은 완성차 기업들의 차량용 반도체 수요에 적절하게 대응하지 못하는 사태에 이르렀다.

하지만 앞으로가 더 문제일 수 있다. 차량용 반도체는 시스템반도체뿐만 아니라 메모리반도체까지도 필요한 수량이 급증하고 있기 때문이다. 과거 차량 내 일부 부분에서 사용되는 반도체가 차량 전체 부분으로까지 점차적으로 퍼지게 됨에 따라 다양한 반도체의 사용이 필수가 되고 있다. 이렇게 되면 앞으로 자율주행차의 차량 전체를 반도체를 통해 통제하게 됨에 따라 반도체의 사용이 더 늘어날 수밖에 없다. 이와 같이 다양한 반도체 수요의 증가에 비해 생산량이 부족한 상황이다 보니 차량용 반도체의 가격도 지속적으로 높아지고 있는 실정이다.

이에 따라 상당 기간 반도체 기업들은 완성차 기업들의 차량용 반도체 수요에 제대로 대응하기가 쉽지 않아 보인다. 기본적으로 차량용 반도체를 생산하기 위한 생산능력이 부족하기 때문에 팹을 새로 건설해야만 하는 상황이기 때문이다. 즉 반도체 기업들이 차량용 반도체의 생산을 바로 늘리기엔 한계가 있을 수밖에 없다. 그리고 팹은 건물을 짓는 과정이 필요하기에 기본적으로 2년 이상 시간이 필요하다. 뿐만 아니라 최근 제조장비의 구입을 위한 리드타임(Lead Time)도 길어지고 있는 상황이다. 따라서 생산능력을 갖추기까지 아무리 빨라도 2년 정도의 시간이 필요하다. 이 말은 앞으로도 상당 기간 차량용 반도체에 대한 부족이 지속될 가능성이 크다는 의미이다.

한편 많은 시장조사기관에서 앞으로 차량용 반도체의 수요는 더욱 급증할 거로 예상하고 있다. 특히 4차 산업의 다양한 애플리케이션 중에서 차량용 반도체의 시장이 가장 크게 증가할 거로 전망한다. 이에 따라 많은 반도체 기업이 차량용 반도체 시장에 이미 뛰어들었다.

뿐만 아니라 자동차 부품 기업, 전자 기업, 완성차 기업과 빅테크 기업들도 이미 시장에 진입하고 있다. 과거부터 차량용 반도체 시장은 사람의 생명과 밀접한 연관이 있기 때문에 까다로운 스펙을 갖추어야만 하고 다양한 인증까지도 받아야만 한다. 그러다 보니 기술적 문제로 바로 시장에 진입하기 어려웠다. 그리고 이미 시장에서 굳건히 자리를 지키고 있는 전문 차량용 반도체 기업들이 있었기 때문에 경쟁력을 갖추기도 쉽지 않았다. 나아가 차량용 반도체는 다품종 소량생산이라는 특징으로 수량은 많지 않은 반면 성숙(구)공정에서 생산되어 이익도 박한 편이었기 때문에 차량용 반도체 시장이 그다지 매력적이지 않았다. 뿐만 아니라 전자제품은 사용주기가 2~4년 정도이지만 차량용 반도체는 7~10년으로 길다 보니 더욱 관심을 가지기 쉽지 않은 시장이었다.

하지만 지금은 수요가 폭발하고 있는 상황이기 때문에 반도체의 주요 시장이 되고 있을 뿐만 아니라 수요 증가에 따라 이익도 어느 정도 취할 수 있게 되었다. 따라서 차량용 반도체 시장이 반도체 기업에 점점 매력적인 시장으로 변하고 있는 건 분명한 듯 보인다.

나아가 자동차의 성능이 점점 고도화됨에 따라 고성능 반도체의 수요도 늘고 있다. 따라서 EUV 장비를 사용해서 제조한 첨단 반도체도 늘어날 전망이다. 이는 차량용 반도체를 취급하는 반도체 기업들의 수익도 크게 개선될 수 있다는 거를 의미한다.

이에 따라 앞으로도 더 많은 기업들이 차량용 반도체 시장에 진입할 가능성이 높아지고 있다. 나아가 자동차를 포함한 모빌리티 시장까지도 감안해 본다면 시장의 규모가 상상 외로 클 수도 있다. 그렇다 보니 규모가 어느 정도 큰 기업들은 시장에 뛰어들 수밖에 없는 상황이 된 듯하다.

뿐만 아니라 메모리반도체도 차량에 점점 더 많이 사용되고 있다. 자동차의 전자 장치의 발전에 따라 ADAS(Advanced Driver Assistance Systems, 첨단 운전자 지원 시스템), 인포테인먼트 시스템(Infotainment Systems), 긴 수명의 배터리 그리고 초고속 5G 네트워크에 대한 활용이 많아지면서 고용량 메모리반도체의 필요성이 증가하였다.

메모리반도체는 기존의 3개 주요 IDM 기업들이 지속적으로 제공할 거로 보인다. 메모리반도체는 기본적으로 설계가 시스템반도체보다 복잡하지 않기 때문에 한 개의 기업에서 일괄적으로 모든 것을 같이 진행하는 게 더 유리하다.

■ 반도체 산업의 핵심인 차량용 반도체

이제 자동차의 핵심은 반도체라 할 수 있다. 자동차는 더 이상 기계 장치가 아닌 전자 디바이스이기 때문이다. 기본적으로 전자 디바이스는 반도체로 작동이 된다. 그리고 자동차에도 점점 반도체의 사용이 늘어남에 따라 자동차는 우리가 일생생활에서 쓰고 있는 전자제품과 마찬가지가 되고 있는 셈이다. 미래의 자율주행차를 바퀴가 달린 스마트폰이라 말하는 이유가 여기에 있다. 조금 과장되게 설명하면 미래 자동차의 모든 기능이 반도체에 의해 작동하게 되는 셈이다. 지금 전기자동차는 매년 2배 이상 판매가 늘어나면서 자동차 시장의 대세가 되고 있는 과정에 있다. 전기자동차만 보더라도 대당 반도체가 1천 개가 넘게 사용되고 있다. 그러다 보니 과거와는 달리 지금은 차량용 반도체 시장의 규모가 절대 무시할 수 없는 수준까지 이르게 되었다.

이와 같은 상황이다 보니 차량용 반도체 시장은 더 이상 반도체 기업들만의 리그가 아니다. 이미 다양한 업종의 기업이 시장에 뛰어들고 있다. 이에 따라 완전 자율주행의 시대가 도래하게 되면 가장 큰 반도체의 목표시장이 될 거로 예상된다.

특히 차량용 반도체는 반도체 산업의 핵심이 될 거로 예상을 하고 있다. 이를 증명하고 있는 많은 연구기관의 자료들도 발표되고 있다. 과거부터 차량용 반도체 시장은 진입장벽이 높은 편이다. 그러다 보니 시장에 진입하기 위해 최소 5년 정도 준비시간이 필요하였다. 그리고 각종 안전을 위한 인증을 받아야 할 뿐만 아니라 완성차 기업과의 신뢰도 쌓아야 하기 때문에 어느 기업이나 진입하기 쉬운 시장이 아니었다. 물론 일단 시장진입에 성공하게 되면 안정적인 매출이 보장된다는 장점도 있다. 완성차 기업들이 한번 자사의 차량에 반도체를 탑재시키게 되면 잘 바꾸지 않는 경향이 강하기 때문이다.

이런 상황이다 보니 많은 반도체 기업이 차량용 반도체 사업에 그리 관심을 두지 않은 부분도 있었다. 하지만 지금은 과거와 달리 상황이 크게 달라졌다. 차량에 기존 아날로그 반도체를 넘어 디지털 반도체도 많이 쓰이게 되면서 진입장벽이 조금씩 낮아지고 있다.

나아가 차량용 반도체의 쇼티지(Shortage, 공급부족)로 인해 새롭게 차량용 반도체를 만드는 기업들의 시장진입도 과거보다 용이해졌다. 특히 앞으로 모빌리티에 들어가는 반도체도 수량이 더욱 많아질 뿐만 아니라 종류도 다양해지기 때문에 차량용 반도체 기업들에 더 많은 기회가 생기고 있다.

한편 과거 규모가 큰 반도체 기업들은 차량용 반도체 사업에 그리 많은 관심을 두지 않았다. 대규모 기업들이 진입하기에는 시장의 규모가 너무 작았기 때문이다. 하지만 자동차가 모빌리티로 서서히 전환됨에 따라 시장의 규모가 점점 커지고 있다. 뿐만 아니라 기존의 주요 차량용 반도체인 아날로그 반도체뿐만 아니라 EUV(극자외선) 공정을 이용한 고성능의 시스템반도체와 메모리반도체 등이 모빌리티에 사용되면서 시장이 급격하게 커지는 중이다. 이에 따라 대규모 반도체 기업들에 새로운 기회가 생기게 되었다. 이와 같은 상황으로 바뀌면서 모빌리티가 반도체의 주요 시장이 되고 있다. 지금도 차량용 반도체는 매년 10% 이상씩 시장이 커지고 있으며 앞으로는 그 이상 성장할 거로 예측된다. 차량용 반도체가 반도체 산업의 핵심으로 떠오를 수밖에 없는 상황이다. 아울러 차량용 반도체는 데이터센터와도 깊은 연관이 있다. 자율주행 시대엔 차량과 차량 간을 포함한 모든 거에 상호 통신이 필요하기에 데이터들을 저장할 수 있는 데이터센터가 더 많이 필요해지기 때문이다.

결과적으로 앞으로 반도체 기업들의 주요 타깃 시장은 자율주행차와 데이터센터가 될 거로 보고 있다. 하지만 데이터센터는 자율주행차로 인해 확대되는 측면이 있고 자율주행차를 모빌리티까지 확대해서 보게 되면 미래엔 차량용 반도체 시장이 반도체 산업에서 가장 큰 부분을 차지하게 될 거로 예상된다.

나아가 자동차가 모빌리티로 확대되면서 차량용 반도체도 모빌리티로 사용범위가 넓혀지고 있다. 기존 차량용 반도체의 대부분은 모빌리티에도 그대로 사용될 뿐만 아니라 모빌리티에 새롭게 사용되는 반도체의 종류도 늘어나게 된다. 더욱이 모빌리티의 핵심도 반도체일 수밖에 없다. 특히 자율주행을 위해선 반도체의 역할이 무엇보다 중요하다.

　이런 상황을 종합해 보면 반도체 시장에서 차량용 반도체가 얼마나 중요한 부분을 차지하고 있는지 알 수 있다.

② 차량용 반도체를 생산해 줄 파운드리 부족

과거부터 차량용 반도체를 전문적으로 생산하고 있는 기업들이 차량용 반도체 시장의 대부분을 차지해 왔다. 예를 들면 인피니언 테크놀로지스, NXP 반도체, 르네사스, ST 마이크로와 TI 등이다. 이 기업들의 특징은 IDM 기업이란 점이지만 모든 칩을 자체적으로 제조하지는 않는다. 다시 말하면 기업의 필요에 따라 설계만 자체적으로 진행하고 제조는 파운드리 기업에 맡기는 방식으로, 대부분은 직접 제조하지만 일부는 맡긴다(보통 이를 팹라이트Fab-lite라 한다). 그리고 이들 기업이 설계한 칩을 생산해 주고 있는 기업들은 주로 TSMC, UMC와 글로벌파운드리 등이다(물론 이외에도 다수의 파운드리 기업들이 있지만 점유율은 그리 높지 않다). 이 중에서 TSMC가 차량용 반도체 시장의 70% 정도를 점유하고 있는 거로 알려지고 있다.

　몇 년 전 각국의 정부가 차량용 반도체 쇼티지 사태로 자국의 자동차 생산라인이 멈추게 됨에 따라 TSMC에 차량용 반도체를 제조해 줄 거를 긴급하게 요청한 적이 있다. 결국 TSMC도 각 국가의 심각한 차량용 반도체 부족사태를 인식하고 각국의 요청을 받아들여 차량용 반도체를 생산하는 데 협조하기로 하였다. 이는 차량용 반도체 시장에서 TSMC의 역할이 얼마나 큰지 알 수 있는 부분이다.

〈표 1〉 주요 차량용 반도체 제조기업의 실적 동향

	1Q22	1Q21	증가비
인피니언	32.98억 유로	27억 유로	22
NXP	31.36억 달러	25.67억 달러	22
르네사스	3467억 엔	2037억 엔	70
ST마이크로	35.46억 달러	30.16억 달러	17.6
TI	49.05억 달러	42.89억 달러	14

자료: 각 사 사업보고서, 단위: %

TSMC는 일본 구마모토와 중국 난징에 차량용 반도체 팹을 건설 중에 있으며 완공은 2024년 말까지 모두 끝마칠 계획이다. 시간이 지나 다른 기업들도 차량용 반도체의 생산을 위한 팹의 건설을 완공하게 되면 차량용 반도체 부족사태가 거의 해소될 수 있을 거로 기대하고 있다.

따라서 전체적인 상황을 보면 차량용 반도체의 부족은 파운드리 기업의 생산능력이 부족해서 발생한 문제라고도 볼 수 있다. 지금도 대부분의 파운드리 기업은 팹을 100% 가까이 가동 중이다. 문제는 제조하고 있는 대부분의 칩이 차량용 반도체가 아니라는 점이다. 이들 파운드리 기업은 각종 IT 제품의 수요증가로 일반 칩을 만드는 거만으로도 생산능력이 부족할 정도다(물론 지금은 많은 기업이 경기불황으로 일반 반도체에서 차량용 반도체의 생산으로 전환하여 다소 상황이 좋아지고 있다). 그만큼 얼마 전까지만 해도 반도체 수요는 폭발적이었다고 볼 수 있다. 이런 상황은 다른 의미로 파운드리 기업이 반도체 수요에 비해 충분하지 않다는 거를 나타내고 있다.

하지만 파운드리 기업을 새로 설립하는 거도 쉽지 않은 문제이다. 최근 파운드리 팹 하나를 건설하는 비용만 해도 15조 원 정도 들기 때문이다. 그리고 팹에 들어가는 비용 중에서 가장 비싼 건 장비 비용이다. 최근 각종 장비 비용이 하늘 높은 줄 모르고 치솟고 있다. 이에 따라 파운드리 사업의 진입장벽이 점점 더 높아지고 있다. 따라서 앞으로도 지금의 파운드리 기업들이 반도체 시장을 대부분 점유해 나아갈 거로 보인다.

한편 차량용 반도체는 주로 시스템반도체가 메인이다. 그러다 보니 팹리스, 파운드리와 OSAT(후공정) 기업으로 나누어 진행하는 게 더 효율적일 수 있다. 물론 IDM 기업이 일괄적으로 전부 맡아서 진행하는 경우도 있지만 차량용 반도체의 성능이 점점 고도화되는 방향에 맞추어 설계, 제조와 패키징을 나누어서 하는 게 더 유리할 수 있다. 아울러 최근 파운드리를 구하기 어렵기 때문에 파운드리 기업이 팹리스 기업보다 더 우월한 지위를 가질 수밖에 없다. 물론 반도체의 성능은 주로 설계에서 결정되기 때문에 설계도 중요한 부분이라 할 수 있다. 그럼에도 불구하고 설계를 수행할 수 있는 기업은 많지만 제조를 담당해 줄 수 있는 기업은 많지 않다는 게 문제이다.

결과적으로 차량용 반도체의 부족사태를 해결하기 위한 방법은 크게 차량용 반도체의 제조를 위한 새로운 팹을 건설(혹은 라인을 증설)하거나, 아니면 지금 생산하고 있는 팹의 일반 반도체 생산라인을 차량용 반도체 생산라인으로 바꾸는 방법이다. 이 두 가지 방안 중에서 후자보다는 전자가 더 합리적인 방법으로 보인다. 일반 반도체 생산라인을 차량용 반도체 생산라인으로 바꾸는 게 쉽지 않은 상황이기 때문이다(물론 지금은 경기불황으로 인해 일반 반도체의 생산라인을 차량용 반도체의 생산라인으로 바꾸는 기업도 늘어나고 있지만 근본적인 해결 방법은 아니다).

이에 따라 TSMC 이외의 다른 차량용 반도체를 생산하고 있는 기업들도 신규 팹을 건설하거나 라인을 증설하고 있다. 인텔의 독일 공장에 대한 투자도 인텔과 유럽 전통의 완성차 기업들 사이에서 이해관계가 잘 맞아 떨어진 사례로 해석할 수 있다. 인텔은 오는 2030년 차량의 제조원가에서 20%를 차지할 거로 보이는 차량용 반도체 시장을 잡기 위해 파운드리 사업부(Intel Foundry Services, IFS) 내 차량용 반도체 조직을 운영하기 시작했다.[1] 이외에도 보쉬(Bosch)가 차량용 반도체의 생산을 늘리기 위해 독일과 말레이시아에 신규 투자를 하고 있다. UMC는 차량용 반도체의 생산을 위해 28nm 공정의 생산라인을 대만 타이난지역에 확대하기로 결정하고 공사를 진행 중이다. 글로벌파운드리도 뉴욕 몰타지역에서 차량용 반도체의 생산 확

---

1) 강해령, 임진혁, 박성규, "인텔, 내주 獨 110조 반도체 팹 투자 발표…미·유럽 반도체 동맹" 서울경제, 2022년 3월 4일 (https://www.sedaily.com/NewsView/263ABBB8IE)

대를 위해 팹을 건설 중이다. 특히 글로벌파운드리는 포드와 파트너십을 맺고 차량용 반도체를 공급하기로 하는 계약을 맺은 거로 알려지고 있다.

국내 파운드리 기업인 DB 하이텍도 차량용 반도체 사업을 미래의 핵심사업으로 정하고 있다. 따라서 점차적으로 차량용 반도체에 대한 매출이 늘어날 거로 예상된다. 나아가 삼성전자와 SK 하이닉스도 차량용 반도체의 생산을 위해 파운드리를 지속적으로 확장하고 있다.

❸ 반도체 기업들이 차량용 반도체 사업에 뛰어드는 이유

최근 많은 반도체 기업이 차량용 반도체 사업에 뛰어들고 있다. 그럼 많은 기업이 차량용 반도체 사업에 뛰어드는 이유는 무엇일까?

첫 번째 이유는 무엇보다도 시장이 크게 성장할 거라는 기대감 때문이라 할 수 있다. 몇 년 전만 해도 차량용 반도체를 만드는 반도체 기업들은 한정되어 있고 과점하고 있는 시장이어서 다른 기업들은 그리 관심을 두지 않았다. 물론 시장도 그리 크지 않은 상태였기에 소위 말하는 그들만의 리그라 할 수 있었다. 그리고 무엇보다 차량용 반도체는 스펙이 매우 까다롭다. 차량은 인간의 생명과 깊게 관련되어 있기에 무엇보다 안전해야만 하기 때문이다. 이에 따라 차량용 반도체 사업은 기술개발이 어려운 거와 더불어 진입장벽이 높은 편이다. 그리고 다품종 소량생산으로 인해 공급기업 측면에서 메리트가 적고 자동차의 구매특성에 따라 교체주기도 10년 가까이 되어 재판매에 시간이 걸린다. 뿐만 아니라 주로 성숙공정에서 생산되어 마진이 높지 않아 일반 반도체 기업들은 굳이 기존의 큰 시장을 두고 차량용 반도체 사업을 할 이유가 없었다.

〈표 2〉 차량용 반도체와 가정용 반도체의 차이

차량용 반도체	조건	가정용 반도체
15년 이상	필요 수명	1~3년
-40 ~ 155 ℃	온도 조건	0 ~ 40 ℃
0 ~ 100%	습도 조건	낮음
약 10%	허용 불량률	약 10%
30년	재고 보유 기간	1~3년

자료: SK 하이닉스

하지만 이와 같은 상황이 최근에 크게 바뀌고 있다. 다시 말하면 최근 자동차에 사용되고 있는 반도체가 기하급수적으로 늘고 있기 때문이다. 더욱이 앞으로의 성장성도 매우 높아 매년 10% 이상씩 성장할 거로 예측된다. 나아가 차량용 반도체의 쇼티지로 인해 물량이 부족해지면서 가격이 급등하고 있다. 뿐만 아니라 자동차의 성능이 지속적으로 향상되면서 고성능 반도체도 많이 필요해짐에 따라 이익률도 급증하고 있는 중이다. 이와 같은 상황이다 보니 기업들이 차량용 반도체 사업을 미래의 핵심사업으로 정하고 과감하게 자본을 투자하여 진행하고 있다.

특히 차량용 반도체의 개발을 위해선 높은 기술력과 긴 개발 기간이 필요함에 따라 가장 빠르게 시장에 진입할 수 있는 방법으로 많은 기업이 M&A를 시도 중이다. 뛰어난 차량용 반도체 기술을 보유한 기업을 인수하게 되면 필요한 기술을 빠르게 획득할 수 있을 뿐만 아니라 조기에 시장진입이 가능하다.

〈표 3〉 차량용 반도체 기업들의 M&A 현황

일시	인수업체	피인수업체	금액
2015.3	NXP(네덜란드)	Freescale(미)	167억 달러
2015.11	ON Semiconductor(미)	Fairchild(미)	24억 달러
2016.8	르네사스(일)	Intersil(미)	3,000억 엔
2019.5	Marvell(미)	Aquantia(미)	4.52억 달러
2019.6	Infineon(독)	Cypress(미)	90억 유로
2019.3	르네사스(일)	IDT(미)	60억 달러
2021.2	르네사스(일)	Dialog(영)	49억 유로

자료: 업계조사

이외에도 주요 글로벌 반도체 기업의 차량용 반도체 기업에 대한 M&A 사례로 인텔이 2017년 모빌아이(Mobileye)를 인수한 것이다. 최근 삼성전자도 차량용 반도체 기업을 인수할 가능성이 점점 높아지고 있다. 특히 삼성전자는 몇 년 전만 해도 차량용 반도체 시장에 대해 그리 주목하지 않았다. 주요 이유는 회사 규모에 비해 시장이 너무 작고 이익률도 낮기 때문이다.

　하지만 지금은 상황이 크게 바뀌게 되었다. 최근 전기자동차 시장이 매년 급성장하면서 차량용 반도체가 많이 쓰이고 있으며 앞으로는 훨씬 많은 수량이 쓰일 거로 보이기 때문이다. 다시 말하면 이미 시장이 무르익어 삼성전자의 규모에 맞는 시장이 펼쳐지고 있으며 이익률도 높아지고 있다. 나아가 앞으로는 시장이 더욱 커질 거기 때문에 이제는 반드시 진행해야만 하는 사업이 되었다. 이에 따라 삼성전자는 시스템반도체뿐만 아니라 메모리반도체에서도 차량용 반도체의 생산을 확대하고 있다.

02 ▷ 자동차에 사용되는 다양한 반도체

           현재 자동차의 각 부분에 다양한 반도체가 사용된다. 앞으로 자동차가 대부분 전기자동차와 자율주행차로 점진적으로 발전하게 됨에 따라 자동차에 사용되는 반도체의 개수가 늘어날 뿐만 아니라 종류도 더욱 다양해질 전망이다. 그리고 자동차가 완전 자율주행차로 전환되면 매우 다양한 반도체가 사용될 거로 보인다. 미래의 자동차는 사람이 가장 사용하기 편리한 방향으로 발전될 수밖에 없다. 더욱이 자동차는 더 이상 단순 이동수단이 아닌 다양한 편익을 제공하는 라이프 플랫폼이 될 가능성이 높다. 따라서 미래엔 자동차가 이동수단을 넘어 침실, 거실, 오피스와 엔터테인먼트 등과 같은 다양한 편리함을 제공하게 된다. 이런 이유로 인해 차량

내 다양한 기능을 추가함에 따라 더욱 다양한 반도체가 사용될 거로 예상하고 있다.

뿐만 아니라 차량용 반도체는 점점 고성능화될 거로 본다. 지금 많이 사용하고 있는 차량용 반도체는 8인치 웨이퍼에서 28nm 이상의 공정에서 제조한다. 하지만 시간이 지날수록 웨이퍼의 사이즈는 커지게 될 뿐만 아니라 EUV 장비를 활용한 고성능 반도체도 많이 쓰일 수밖에 없다. 이렇게 되면 차량에서 반도체의 가격이 차지하는 비중이 크게 높아질 거로 보인다.

한편 기존 내연기관 자동차에 쓰이고 있는 반도체는 기본적으로 4가지 종류로 나누어 볼 수 있다. 드라이버 IC, 전원 IC, 센서(Sensor)와 마이크로 컨트롤러 유닛(MCU, Micro Controller Unit) 등이다. 드라이버 IC는 엔진 등의 고전류의 출력이 필요한 장치에 사용되는 반도체를 말하며 주로 고전류와 고전압의 장치를 제어한다. 전원 IC는 공급받은 전류를 MCU 등에 직류전원으로 공급하기 위한 반도체로 보통 3.3V-10V의 전압과 400mA-3,000mA의 전류를 공급한다. 센서는 주변상황에 대한 감지를 통해 MCU가 정확한 상황 판단을 내릴 수 있도록 돕는 반도체이다. 마지막으로 MCU는 차량 내 전장 시스템 전반을 제어하는 반도체로 ECU(자동차 전자제어장치, Electronic Controller Unit) 내 최소 1개 이상의 MCU가 내장된다. 보통 10MHz-600MHz의 주파수 값을 갖는다. 물론 이외에도 자동차엔 앞에서 설명한 거처럼 메모리반도체를 비롯한 다양한 시스템반도체가 사용된다.

〈표 4〉 기존 내연기관 자동차에 쓰이는 반도체의 종류

대분류	특성
드라이버 IC	엔진 등 고전류의 출력이 필요한 장치에 사용되는 반도체
전력 IC	전자 기기에 안정적인 직류전원을 공급하는 반도체
센서	차량 내외부의 환경을 감지하고 디지털화하는 반도체
MCU	차량 내 전자 기기 전반을 제어하는 반도체

자료: KB금융지주경영연구소

❶ 자동차와 반도체의 관계

1980년대에 들어와서 자동차에 전자식 연료분사장치를 적용하기 시작하였다. 이때 처음으로 자동차에 반도체가 사용된 거를 시작으로 최근 자동차에 반도체의 사용이 급격하게 증가하고 있다.

하지만 과거 자동차엔 반도체가 그리 중요한 부품이 아니었다. 2000년대 이전에 개발되고 생산된 국산 자동차엔 반도체라 할 수 있는 부품이 거의 들어가지 않았다. 물론 1990년대 중반부터 자동차에 일부 센서가 사용되기 시작하였지만 자동차는 주로 기계적인 연결을 통해 작동하였다.

특히 과거 자동차의 구조가 대부분 기계장치에 불과하였기 때문에 반도체의 필요성이 그리 크지 않았던 게 사실이다. 그러다 보니 자동차 업계에선 자동차에 반도체가 매우 중요한 부품이 될 거라 생각하지 못하였던 것 같다. 최근 들어 많은 사람이 비로소 자동차에서

반도체의 중요성을 깨닫기 시작하였다. 이는 내연기관 자동차의 전동화 추세뿐만 아니라 전기자동차의 출시가 늘어나면서 반도체의 사용도 크게 늘어나게 되었기 때문이다. 특히 점진적으로 자동차가 기계장치에서 전자 디바이스로 바뀌어 나아감에 따라 반도체를 더 많이 사용할 수밖에 없는 상황으로 이어지고 있다. 이에 따라 현재 반도체는 자동차에 매우 중요한 필수부품이 되었다.

이런 상황을 종합하여 생각해 보면 앞으로 자동차 관련 기업들은 차량용 반도체의 물량을 확보하기 위해 노력할 거로 보인다. 따라서 차량용 반도체 수요는 지속적으로 늘어날 거로 예상된다. 나아가 자동차가 완전 자율주행차로 점진적으로 전환되어 갈수록 자동차는 더 이상 이동수단만의 기능에 머무르지 않는다.

이렇게 되면 자동차의 기능이 더욱 다양해짐에 따라 이동의 수단에 사용되는 반도체뿐만 아니라 이동 외의 수단으로서 자동차의 더 많은 부분에 반도체가 사용될 수밖에 없다. 나아가 앞으로 자동차는 반도체의 가장 중요한 시장이 될 거라는 전망도 나온다. 이에 따라 다양한 반도체 기업뿐만 아니라 빅테크 기업, 자동차 관련 기업과 전자부품 기업들도 차량용 반도체 시장에 뛰어들고 있다.

물론 차량용 반도체는 어느 기업에서나 만들 수 있는 건 아니다. 기본적으로 자동차는 인간의 생명과 직결되기 때문에 반도체도 안전성이 확보가 되어야만 한다. 내구성과 신뢰성뿐만 아니라 경험과 노하우도 중요할 수밖에 없다. 차량용 반도체는 대부분 첨단공정에서 생산되지는 않지만 스펙적으로 매우 까다로운 조건을 만족시켜야만 한다. 더욱이 각종 인증을 취득해야 하는 과정도 반도체 기업에 번거로운 일이 될 수도 있다. 뿐만 아니라 차량용 반도체는 주로 레거시 공정(Legacy Process)에서 만들어지는 경우가 많기 때문에 첨단공정에서 생산되는 반도체와 비교해 이익 측면에서도 박한 편이다.

그러다 보니 얼마 전까지만 해도 반도체 기업에 차량용 반도체는 그리 매력적인 비즈니스가 아니었다. 하지만 최근 차량용 반도체의 부족상황이 이어지면서 가격이 많이 올랐을 뿐만 아니라 차량용 반도체 시장도 급격하게 커지고 있기 때문에 많은 기업에서 관심을 두고 있는 거도 사실이다.

〈그림 3〉 글로벌 차량용 반도체 시장 전망　　　　　　단위: 억 달러

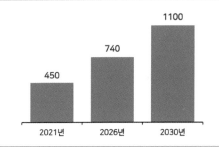

자료: IHS마킷

IHS마킷의 위 그래프에서 글로벌 차량용 반도체 시장의 전망을 살펴보면 2026년 740억 달러에서 2030년이 되면 1,100억 달러에 이를 거로 예측하고 있다. 현재 자동차엔 센서와 MCU가 가장 많이 사용되고 있지만 앞으로 사용되는 반도체의 종류는 더욱 다양해질 거로

예상한다. 완전 자율주행차로 전환되면 자동차의 거의 모든 부분에 반도체가 탑재될 거로 보이기 때문이다.

② 자동차 산업의 패러다임 변화

자동차 산업은 CASE(커넥티드, 자율운전, 공유, 전기화)란 대변혁기에 접어들고 있다. 자동차 산업은 지난 137년간 한 가지 형태의 패러다임을 유지하여 왔으나 최근 패러다임이 급격하게 변화하고 있다. 자동차는 기계장치를 벗어나 점차적으로 전자 디바이스로 변화하고 있다. 지금까지 완성차 기업들이 오랜 기간 가지고 있었던 경쟁력이 거의 사라지고 있는 듯하다. 예를 들면 기존 자동차 산업은 대규모 기계 장치산업으로서 막대한 자본이 필요한 산업이었다. 그리고 완성차 기업은 많은 부품 협력사를 거느리면서 막강한 힘을 발휘하기도 하였기 때문에 다른 기업들이 진입하기 어려운 산업이었다.

뿐만 아니라 자동차의 심장과 같은 엔진과 관련한 기술력은 다른 기업들이 진입하기 어려운 높은 진입장벽이 되기도 하였다. 하지만 이런 완성차 기업들이 가지고 있었던 이점들이 한순간 사라질 위기에 처하고 있다. 점진적으로 자동차가 전기자동차로 바뀌게 되면서 기존 자동차에 쓰였던 많은 부품이 더 이상 필요가 없게 되었다. 그리고 자동차에서 가장 중요한 부품이라 할 수 있는 엔진도 배터리로 바뀌었다. 더욱이 완성차 기업들이 오랜 기간 쌓아온 노하우와 경험도 무용지물이 될 위기에 놓이게 되었다. 자동차를 수리하는 것도 마찬가지이다. 기존에는 자동차를 고치기 위해 주로 공구를 사용하였지만 앞으로는 컴퓨터를 사용하게 될 일이 더 많아질 거로 예상된다. 따라서 하드웨어 측면의 수리보다도 소프트웨어 측면의 수리가 더 많아질 수도 있다.

결과적으로 자동차 산업은 큰 변화의 물결에 놓이게 되었다. 과거와 같은 방식으로는 더 이상 사업을 진행할 수 없을 뿐만 아니라 새로운 변신을 하지 않으면 생존이 불가능할 수 있기 때문이다. 나아가 새로운 경쟁자들도 시장에 많이 참여하고 있다. 과거 자동차와 관련이 거의 없었던 빅테크 기업, 전자 기업과 스타트업 기업 등이 새로운 경쟁자가 된 셈이다. 물론 기존의 완성차 기업들이 경쟁에서 유리한 부분도 있을 수 있지만 그렇다고 안심할 수 없는 입장이다. 자동차가 더 이상 기존과 같은 자동차가 아니기 때문이다.

그 예로 들 수 있는 게 바로 테슬라이다. 테슬라는 기존 공룡 완성차 기업들과 비교해 자동차 사업에 대한 경험이 부족할 뿐만 아니라 시장점유율도 아직 미비한 수준이다. 하지만 시가총액은 이미 상위 10개 자동차 기업들을 합한 액수를 넘어서고 있다. 이것이 의미하는 게 무엇일까?

그만큼 앞으로 전기자동차를 만드는 테슬라가 기존의 완성차 기업들보다 성장이 기대되는 회사라는 사실이다. 이와 같이 자동차 산업은 혼란의 시대를 맞이하고 있다. 그리고 기존의 완성차 기업들은 새로운 패러다임에 맞추어 변화하지 않으면 살아남기 힘들게 되었다. 이에 따라 많은 기존의 완성차 기업은 혁신을 시도하고 있다. 많은 완성차 기업은 자동차 제조업이 아닌 서비스 기업으로 변신을 시도해야만 할지도 모른다. 다시 말하면 MaaS(마스, Mobility as a Service) 란 비즈니스로, 자동차를 비롯한 모든 운송수단을 고객이 편리하게 이용할 수 있도록 제공하는 서비스이다(물론 완성차 기업들이 MaaS로 사업을 확장한다는 확실한 계획은 아직 없는 상태이다).

〈그림 4〉 테슬라와 주요 완성차 기업 시가총액 비교　　단위: 억 달러

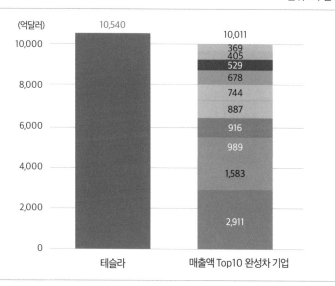

자료: 한국경제산업연구원

　　다음의 〈그림 5〉는 최근 우리나라의 전기차 수출 규모와 비중의 추이를 나타내고 있다. 매년 전기자동차의 수출과 비중이 증가하고 있는 거를 알 수 있다. 최근 유럽에선 내연기관의 자동차보다 전기자

동차의 생산량이 더 많아졌다. 그리고 2023년부터 어느 국가이든 유럽에 자동차를 수출하기 위해선 친환경차를 생산해야만 한다. 2021년 EU에선 탄소국경조정제도 입법안이 승인되어 2023년부터 발효되기 때문이다. 이와 같이 조만간 전기자동차는 내연기관의 자동차를 대체하게 될 거로 예상할 수 있다.

〈그림 5〉 전기자동차 수출 규모 및 비중 추이

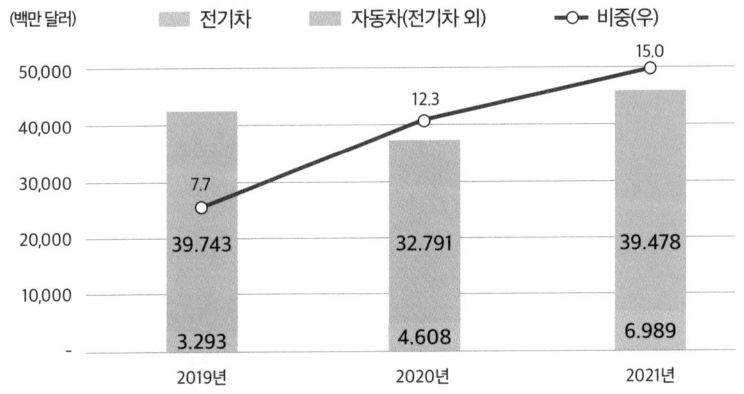

(백만 달러)　　■ 전기차　　■ 자동차(전기차 외)　　—○— 비중(우)

	2019년	2020년	2021년
비중(우)	7.7	12.3	15.0
자동차(전기차 외)	39.743	32.791	39.478
전기차	3.293	4.608	6.989

자료: 산업통상자원부, 한국무역협회

❸ 자동차의 각 부문별 반도체 사용현황

이제 자동차는 더 이상 우리가 흔히 알고 있는 기존의 기계장치가 아니다. 자동차에 더욱 편리한 기능이 추가됨에 따라 이를 구현하기 위한 부품이 필요해지게 되었으며 반도체가 그 기능을 수행할 수밖에 없다. 이는 자동차에 반도체의 사용이 늘어나게 될 수밖에 없는 구조로 바뀌게 되는 셈이다.

지금 자동차 시장은 전기자동차가 내연기관 자동차를 점진적으로 대체하고 있으며 전기자동차 시장의 성장도 매우 가파르게 진행 중이다. 이에 따라 자동차에 사용되는 반도체의 수량 증가뿐만 아니라 종류도 매우 다양해지고 있다. 그리고 전기자동차는 자율주행차로의 전환을 위해 나아가는 과정이다. 또한 자율주행차는 내연기관의 자동차와 비교해 10배 이상의 반도체가 쓰이게 된다. 그만큼 자동차에서 반도체는 더욱 중요한 부품이 되어가고 있다.

특히 자동차엔 시스템반도체뿐만 아니라 메모리반도체까지 다양한 반도체를 사용한다. 그리고 자동차가 점진적으로 자율주행차로 바뀌어 가고 있기 때문에 사용되고 있는 반도체의 종류도 더욱 확대되고 있다. 이제 자동차의 거의 모든 부분에 반도체의 사용이 진행되고 있다고 해도 과언이 아니다. 그럼 먼저 자동차의 어떤 부분에 얼마나 많은 반도체가 쓰이고 있는지 살펴보도록 한다.

현재 자동차의 각 부문별로 반도체가 사용되는 부분을 보면 다음과 같다. 먼저 1위는 안전/ADAS 분야가 20%로 가장 높은 점유율을 보이고 있다. 2위는 섀시와 인포테인먼트가 각각 17%씩을 차지하고 있다. 4위는 차체로 16%를 점유하고 있으며 5위는 파워트레인으로 14%를 점유하고 있다. 마지막으로 기타가 16%를 차지하고 있다.

〈그림 6〉은 자율주행차에 적용될 차량용 반도체의 종류를 나타내고 있다. 앞서 설명한 바와 같이 자동차가 자율주행차로 바뀌게 되면

다양한 종류의 반도체가 더욱 많이 사용될 수밖에 없다. 즉 자동차가 첨단화될수록 더욱 다양한 반도체가 쓰일 가능성이 크다. 예를 들면 차량과 모든 거의 통신(V2X)을 위한 통신 반도체를 들 수 있다. 〈그림 6〉처럼 기존의 내연기관 자동차에 사용되는 반도체 이외에도 자율주행차의 각 부분에 다양한 반도체가 사용되는 거를 볼 수 있다.

〈그림 6〉 자율주행차에 적용될 차량용 반도체 분야

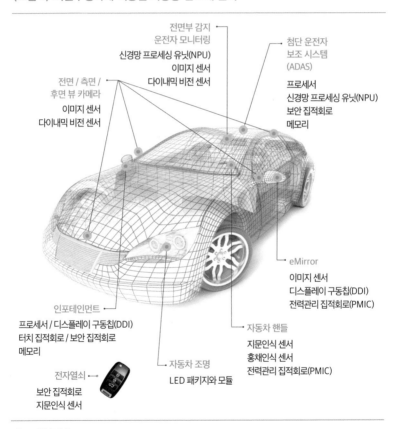

자료: 삼성전자

뿐만 아니라 완전 자율주행차로 바뀌게 되어 자동차가 휴식, 회의, 수면, 놀이공간 등으로 확장되면 더 많은 반도체가 사용된다. 이렇게 되면 자동차는 단순한 이동수단을 넘어 집과 같은 다기능 공간으로 변화하게 될 수도 있다.

결과적으로 반도체 기술의 발전이 없이는 자동차 산업의 성장도 불가능해지게 된다. 앞으로 자동차는 반도체 기술에 크게 의존하면서 발전해 나아갈 거로 보인다.

03 ▷ 차량용 반도체의 쇼티지 현황

약 3년 전 코로나 19가 발생하면서
많은 자동차 관련 기업은 자동차의 판매가 줄어들게 될 거로 예상하
고 반도체의 주문도 크게 줄이게 되었다. 하지만 2021년을 기점으로
코로나 19로 억눌렸던 자동차 수요가 폭발하면서 차량용 반도체의
수요도 덩달아 늘어나기 시작하였다.

반면 반도체 제조기업들은 기존의 차량용 반도체 생산라인 대신
에 비대면 수요증가로 늘어나고 있는 PC와 전자제품 수요에 맞추어
생산라인을 모두 전환하게 되었다. 이로 인해 차량용 반도체를 바로
생산할 수 없게 되면서 쇼티지가 발생하기 시작하였다. 이런 쇼티지
는 최근 차량에 쓰이는 반도체 수량이 늘어나게 되면서 더욱 악화되

는 결과가 발생하였다. 결과적으로 많은 완성차 기업은 반도체가 부족하여 자동차를 생산할 수 없는 상황에 이르게 되었다.

이에 따라 완성차 기업들은 휴업에 들어가거나 작업시간을 줄이면서 자동차의 생산량 감소로 이어졌다. 나아가 각국에서의 각종 자연재해와 코로나 19 여파로 반도체 공장이 폐쇄를 하는 등의 사건까지 겹치면서 상황은 더욱 악화되는 방향으로 흐르게 되었다.

〈그림 7〉 반도체 부족으로 인한 글로벌 자동차의 생산 차질 현황　　　단위: 대, 예상치

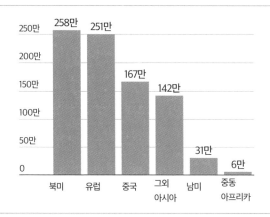

자료: 오토포캐스트솔루션

이와 같은 이유로 자동차의 구매를 원하는 소비자들은 자동차를 사기 위해 1년 이상 기다려야만 하는 사태까지 벌어졌다. 문제는 이런 사태가 단기간에 해결될 거 같지 않은 상황으로 이어지고 있다는 점이다. 반도체의 부족사태가 일부 기업이 아닌 전체 완성차 기업으로 번지게 되었을 뿐만 아니라 차량용 반도체를 생산하는 일이 그리

간단한 문제가 아니기 때문이다. 특히 반도체 제조기업들은 굳이 돈이 크게 되지 않고 신경을 써야만 할 게 많은 차량용 반도체를 생산하려 하지 않았다. 이런 상황으로 인해 각국은 문제를 해결하기 위해 정부 차원에서 적극적으로 움직이기 시작하였다. 즉 TSMC와 같은 대규모 파운드리 기업에 차량용 반도체를 생산할 수 있도록 각국의 정부가 압력을 넣기 시작했다. TSMC는 이런 요구를 받아들일 수밖에 없었던 대신에 만족할 만큼의 가격정책을 고수하여 충분한 이익이 남을 수 있도록 가격을 높이게 되었다. 결과적으로 차량용 반도체의 가격이 크게 높아지게 되고 수량이 늘어나기 시작함에 따라 많은 기업이 시장에 뛰어들게 되는 상황으로 이어졌다.

최근 차량용 반도체 사업에 진출하고 있는 기업은 인텔, 삼성전자, 퀄컴 그리고 엔비디아 등의 유명 반도체 기업들 뿐만 아니라 중소 규모의 반도체 기업들도 있다. 그만큼 차량용 반도체 시장의 규모가 점점 커지고 있는 상황이기 때문이다. 현재 내연기관 차량 1대당 쓰이는 반도체는 불과 300개 정도에 불과하지만 전기자동차엔 1천 개 이상 쓰이고 있는 상황이다. 나아가 자율주행차로 바뀌게 되면 내연기관의 자동차보다 10배 이상 늘어나게 된다. 이에 따라 차량용 반도체 시장은 매년 10% 이상 시장이 커지게 될 거로 전망하고 있다.

한편 완성차 기업들도 늘어나는 반도체 수요에 따라 고심이 깊어지고 있다. 반도체를 안정적으로 확보하지 못하게 되면 비즈니스 자체에 큰 리스크가 생기게 되기 때문이다. 이에 따라 완성차 기업들은 차량용 반도체의 안정적 확보를 위해 반도체를 직접 개발하거나, 아니면 계열사를 통해 개발하는 등의 내재화 움직임도 나타나고 있다. 이런 내재화가 불가능한 기업의 경우 반도체 기업들과 파트너십을 맺는 등 반도체의 리스크를 줄이려는 전략을 취하고 있다.

이런 다양한 전략은 완성차 기업의 입장에서 불가피한 선택의 상황이라 볼 수 있다. 지금까지 반도체 부족으로 인해 완성차 기업들의 피해만 해도 상상을 초월할 정도로 심각한 상황이다. 앞으로도 반도체 부족사태에 대해 철저하게 준비하지 않으면 기업경영에도 큰 문제가 생기게 된다. 특히 완성차 기업들은 차량용 반도체의 부족난에 어떻게 대처하느냐에 따라 신차의 판매실적이 결정되기 때문에 앞으로 더욱 반도체의 부족 상황에 신경을 쓸 수밖에 없다.

〈표 5〉 국내 외 완성차 기업의 2021년 1분기 차량용 반도체 관련 현황

폭스바겐	중국·북미·유럽 생산량 10만대 감소
아우디	고급모델 생산 연기, 1만명 단기 휴직
포드	10~20% 감산, 켄터키 공장 조업중지
도요타	중국·미국·일본 공장 생산량 일시 조정
현기차	3월부터 특근 취소, 주단위 생산조절
르노삼성	특이 동향 없으나 차량 생산 자체 감소
한국GM	2월부터 부평2공장 50% 감산

자료: 산업통상자원부, 한국무역협회

▌ 차량용 반도체의
　　쇼티지 원인

차량용 반도체 부족사태의 주요 원인은 결국 자동차 기업들이 코로나19의 발생에 따른 재난에 대해 사전에 충분한 대비를 하지 못했던 게 가장 크다고 볼 수 있다. 물론 결과론적인 얘기이지만 자동차 기업들이 미리 재고를 충분히 쌓아 놓고 있었더라면 큰 피해는 막을 수 있었다.

지금부터라도 완성차 기업들이 확실한 대비책을 마련해 둘 수 있다면 다시는 이런 문제를 겪지 않게 될 수도 있다. 그 주요 대비책으로 완성차 기업들이 준비하고 있는 건 바로 반도체를 내재화하는 일이다. 다시 말하면 자체적으로 반도체를 개발하여 공급난을 해소하겠다는 것이다. 물론 이런 방법도 확실한 방법이라 할 수 없다. 대부분의 완성차 기업들이 차량용 반도체를 개발할 수 있지만 직접 제조를 할 수는 없는 상황이기 때문이다. 이에 따라 차량용 반도체를 생산해 줄 수 있는 파운드리 기업을 안정적으로 확보하지 못하면 다시 수급에 어려움을 겪을 수도 있다. 하지만 이런 방법이라도 사용하게 된다면 큰 효과를 거둘 수 있을 거로 본다.

결과적으로 반도체 수급에 대한 리스크를 어떻게 해결해 나아가느냐가 완성차 기업의 미래를 좌우할 수도 있는 중요한 사안이 되었다.

이외에도 차량용 반도체 부족사태는 다양한 원인에 기인하고 있다. 그럼 기본적으로 차량용 반도체가 왜 공급에 어려움을 겪게 되었는지에 대해 몇 가지 내용을 추가적으로 알아보도록 한다.

(1) 차량용 반도체 사업진출의 어려움

앞서 설명한 대로 차량용 반도체는 스펙이 매우 까다롭기 때문에 개발 기간이 보통 5년 정도 걸린다. 개발 기간이 오래 걸린다는 건 그만큼 다양한 비용이 많이 든다는 거와 같은 의미일 뿐만 아니라 개발하는 거도 쉬운 문제가 아니라는 점이다. 그러다 보니 차량용 반도체 시장은 성과가 확실하게 보장이 된다는 확신이 없는 이상 과감히 뛰어들기 어려운 분야이다.

만약 자본이 넉넉하지 않은 중소 규모의 기업이라면 더욱 그럴 수 있다. 특히 기존의 유럽과 일본의 글로벌 차량용 반도체 기업들이 시장을 과점하고 있었기 때문에 오랜 기간에 걸쳐서 경쟁력을 쌓아온 이들과 경쟁에서 이긴다는 게 결코 만만치 않은 상황이다.

특히 팹리스 기업이라면 차량용 반도체를 제조해 줄 수 있는 파운드리 기업을 확보하는 일은 더욱 어려운 일이다. 차량용 반도체를 만들어 줄 수 있는 파운드리 기업들의 생산라인이 이미 포화상태이기 때문이다. 특히 대량의 주문을 할 수 없는 중소 규모의 팹리스 기업은 협상력이 약할 수밖에 없다. 따라서 차량용 반도체 사업도 대체적으로 대기업이 중소기업보다 유리한 상황이라 할 수 있다.

나아가 차량용 반도체 사업에 진출하기 위해선 다양한 인증의 획득도 필요하다. 예를 들면 안정성 표준인 AEC-Q100, ISO 26262, 그리고 ISO 21434 등이다. 그러다 보니 차량용 반도체 사업을 하려면 준비해야 할 게 많은 편이다.

뿐만 아니라 적합한 인재를 구하는 거도 쉽지 않은 일이다. 기술의 난이도가 높기 때문에 일반 반도체를 개발하는 엔지니어보다 더 구하기 어려운 실정이다. 특히 최근 들어 우수한 반도체 개발 엔지니어를 구하는 거도 하늘의 별 따기만큼이나 어려운 일이다. 더욱이 우리나라의 차량용 반도체에 대한 시장점유율은 5% 미만으로 매우 열악하다 보니 인력시장에 차량용 반도체를 개발해 본 엔지니어의 숫자가 그다지 많지 않은 상황이다.

(2) 다품종 소량생산

시스템반도체는 다품종 소량생산의 비즈니스가 일반적이다. 특히 자동차에 들어가는 반도체는 이런 특징이 더욱 강하다. 차량에 들어가는 반도체는 종류가 많아지고 있지만 아직까지는 수량이 적은 편이다. 뿐만 아니라 차량용 반도체는 주로 12인치 웨이퍼가 아닌 8인치 웨이퍼에서 생산되는 경우가 대부분이다.

이런 형태의 비즈니스는 제조기업의 측면에서 불리하다. 같은 종류의 반도체가 대량으로 생산될 수 있어야만 제조기업의 측면에서 이익을 취하기가 유리하기 때문이다. 기본적으로 반도체의 종류가 많으면 생산라인마다 공정이 달라지기 때문에 효율적으로 생산하기 어려울 수밖에 없다. 그리고 생산라인마다 소량으로 생산하다 보니 번거롭고 공정비용이 많이 들어갈 수밖에 없다. 이런 이유로 반도체 제조기업들은 차량용 반도체의 생산을 꺼릴 수밖에 없게 된다. 하지만 메모리반도체인 DRAM과 낸드플래시(Nand Flash) 그리고 시스템 반도체인 CPU와 GPU 등의 반도체는 한 번에 동일한 제품을 대량으로 생산할 수 있기 때문에 생산효율이 잘 나올 수밖에 없고 관리적인 측면에서도 편리하다. 이렇다 보니 반도체 제조기업들은 소품종 대량생산 방식을 선호할 수밖에 없다. 뿐만 아니라 수주를 받고 나서 이익을 내기에도 유리하다 보니 제조기업들은 이런 반도체 위주로 생산하려는 경향이 강하다.

결과적으로 차량용 반도체는 다품종 소량생산일 수밖에 없는 한계로 그동안 제조기업들은 차량용 반도체 생산을 꺼릴 수밖에 없었다. 그러다 보니 차량용 반도체의 부족은 더욱 심화될 수밖에 없는 이유가 되었다.

(3) 원가대비 이익부족

기업은 이익을 낼 수 있어야만 생존할 수 있다. 아무리 많이 팔 수 있더라도 이익이 적으면 그다지 좋은 비즈니스는 아니다. 그리고 반도체는 첨단공정으로 갈수록 가격이 비싸지게 된다. 앞선 공정을 개발하기 위해선 기본적으로 높은 연구개발비와 비싼 장비비용을 감당해야만 하기 때문이다.

그러다 보니 첨단공정은 성숙공정보다 가격이 비쌀 수밖에 없으며 이에 따라 마진을 높게 취하기도 수월하다. 하지만 차량용 반도체의 경우 대부분 20nm대 이상의 공정에서 생산되다 보니 이미 성숙공정에 해당이 된다. 기본적으로 성숙공정은 소위 한물간 공정이기 때문에 가격이 저렴할 수밖에 없다(일반적으로 반도체의 가격은 같은 제품이라면 시간이 지날수록 하락하는 경향이 있다).

이와 같은 특징 때문에 마진을 높게 취하기가 쉽지 않게 된다. 나아가 앞서 설명한 대로 차량용 반도체는 스펙이 일반 반도체보다 까다롭기 때문에 이를 맞추기 위해선 다양한 비용이 더 들 수밖에 없다. 예를 들면 우수한 소재를 사용해야 하는 경우도 있고 개발기간이 길어 인건비가 더 많이 들 수도 있다.

뿐만 아니라 신뢰성, 안전성과 내구성 등을 확보하기 위한 인증의 종류도 많다. 이런 인증을 취득하기 위해선 다양한 비용이 들게 된다. 그러다 보니 노력한 수고와 들인 비용에 비해 이익이 박한 편이다. 이는 반도체 기업들이 차량용 반도체 사업을 꺼리게 만드는 원인이 되어 차량용 반도체 부족사태를 더욱 키우는 요인이 되었다.

결과적으로 어느 기업이나 이익을 충분히 취할 수 있어야만 적극적으로 사업에 뛰어들게 된다. 하지만 그동안 차량용 반도체 사업은 힘이 들지만 돈은 되지 않는 비즈니스란 인식이 매우 강하였다. 그러다 보니 많은 반도체 기업이 차량용 반도체 사업에 뛰어드는 거에 주저함이 많았다. 굳이 차량용 반도체 사업을 하지 않더라도 일반 반도체 사업으로 충분한 이익을 취할 수 있었기 때문이다. 이런 상황은 과거 차량용 반도체 기업의 숫자가 그리 많지 않았던 거를 보면 알 수 있다.

(4) 자동차 업계의 JIT(Just In Time) 시스템

기본적으로 자동차의 생산방식과 반도체의 생산방식은 매우 상이하다. 자동차의 생산을 위해선 2만 5천 개 정도의 부품이 필요하지만 완성차 기업들은 다양한 부품을 조립한 모듈을 협력 기업으로부터 공급받아 자동차를 생산한다. 다시 말하면 차량제조 공정에서 각 부분별 모듈을 조립하여 자동차를 생산하게 되는 셈이다. 하지만 반도체 생산공정은 다양한 공정을 순차적으로 진행하며 같은 공정이 여러 번 반복되는 경우도 많이 있다. 그리고 자동차는 각 부분별 모듈만 갖추어져 있으면 비교적 짧은 시간 내 자동차를 만들 수 있다. 반면 반도체의 경우 제조를 위해 여러 공정을 거쳐야만 하기에 기본적으로 1개월 이상 기간이 필요하다.

JIT 시스템은 도요타가 처음으로 도입한 방식으로 기존의 대량생산시스템 대신 적시에 인력과 부품을 공급시켜 생산품질을 높이는 방식이다. JIT 시스템은 1990년대 후반부터 지금까지 계속해서 사용되고 있으며 선박이나 전자제품에도 적용하고 있다.

나아가 JIT 시스템은 무재고(Zero Inventory)를 목표로 하기 때문에 필요한 부품과 원재료가 즉시 조달되는 방식이다. 재고를 최소화하는 목적으로 재고를 쌓아 놓지 않다 보니 반도체도 재고가 금방 바닥이 나게 되었다. 이런 JIT 시스템은 잘 운영되기만 한다면 매우 효율적이지만 여러 가지 문제로 부품이 제때 공급되지 않으면 문제가 발생하기 쉬운 단점이 있다. 이번 차량용 반도체의 부족사태도 완성차 기업들의 JIT 시스템에 대한 한계를 잘 보여 주는 사례라 할 수 있다. 앞으로도 완성차 기업들은 이런 JIT 시스템을 포기하지는 않을 거로 보이지만 반도체만큼은 충분한 재고를 쌓아두게 될 가능성이 크다.

(5) 차량용 반도체 공장들의 각종 사건과 사고

차량용 반도체를 생산하는 전 세계 공장들에서 발생한 각종 사건과 사고도 반도체 부족사태를 더욱 가중시키게 된 원인으로 밝혀지고 있다. MCU를 만들고 있는 네덜란드 NXP와 독일 인피니언의 공장이 위치하고 있는 미국 텍사스에 몇 년 전 한파가 들이닥쳤다. 이로 인해 대규모 정전사태가 발생하였고 이들 기업은 팹의 가동을 중단하였다. 마찬가지로 삼성전자의 오스틴 파운드리 팹도 셧다운되어 큰 피해가 발생하였다. 오스틴 팹의 최초 생산제품은 DRAM과 낸드플래시 등의 메모리반도체였다. 하지만 2010년대 들어와서 파운드리로 전환하였으며 차량용 반도체도 같이 생산하고 있다. 테슬라와 르네사스가 오스틴 팹의 주요 고객으로 알려져 있으며 아우디에 장착되는 엑시노스 오토 반도체도 오스틴 팹의 주요 생산품목이다.[2] 아울러 차량용 반도체 전문기업인 일본 르네사스의 현지 공장에도 화재가 발생하면서 생산을 진행하지 못하게 됨에 따라 MCU의 부족이 더욱 심화되었다. 나아가 대만 TSMC도 56년 만에 찾아온 심각한 가뭄으로 물이 부족하여 차량용 반도체의 생산에 차질을 빚기도 하였다. TSMC는 차량용 반도체를 가장 많이 생산하는 기업으로 차량용 반도체 기업들로부터 생산을 위탁받아 진행하고 있다.

뿐만 아니라 차량용 반도체 팹이 25개나 모여 있는 말레이시아에서 코로나 19가 재확산되어 공장이 셧다운되면서 차량용 반도체의 생산도 중단된 적이 있다.

이와 같이 차량용 반도체를 생산하는 전 세계 팹들이 각종 재난사태로 인해 생산이 중단되면서 부족하였던 차량용 반도체가 더욱 품귀사태를 맞이하게 되었다.

② 글로벌 완성차 기업의 반도체 현황

과거 차량용 반도체는 완성차 기업들이 직접 구매하지 않았다. 그러다 보니 반도체 공급망에서 어떤 문제라도 발생하게 되면 완성차 기업들은 반도체를 제때에 공급받지 못하는 사태가 발생하였다. 아래의 〈그림 8〉은 완성차 기업이 반도체를 공급받게 되는 흐름을 보여주고 있다. 이번 차량용 반도체의 부족사태는 차량용 반도체 생산의

---

2) 이종혁, "첨단 장비만 11조, 삼성전자 오스틴 공장 TSMC 추격 전초기지로" 매경프리미엄 2021년 3월 6일 (https://www.mk.co.kr/premium/special-report/view/2021/03/29804/)

대부분을 담당하고 있는 TSMC가 늘어난 수요를 감당하지 못해 일어난 원인이 가장 크다고 볼 수 있다.

그동안 대부분의 완성차 기업은 반도체가 부족하여 여러 차례 공장을 셧다운하거나 근무시간을 줄이는 등 탄력적으로 공장을 운영하면서 반도체 부족사태로 인한 피해를 줄이려 노력하였다. 물론 지금까지도 완성차 기업들은 반도체 부족으로 인해 원하는 만큼의 생산수량을 채우지 못하고 있기 때문에 많은 피해를 보고 있다.

현재 상황으로 보면 차량용 반도체를 생산하게 되는 TSMC의 중국 난징 팹이 본격적으로 가동되는 시점인 2023년이 되면 서서히 부족사태가 풀리기 시작할 거로 예상한다. 나아가 2024년 말이 되면 TSMC의 일본 구마모토 팹이 완공되면서 부족사태가 어느 정도 해결될 거로 보인다. 이외에도 2024년 이후에는 다른 반도체 기업들의 차량용 반도체 팹도 완공되기 시작하면서 차량용 반도체 부족사태는 대부분 해결될 수 있을 거로 보고 있다.

뿐만 아니라 앞으로 완성차 기업들은 중간의 협력 기업들을 거치지 않고 차량용 반도체를 직접 반도체 기업으로부터 받거나, 아니면 자체적으로 설계를 한 후 파운드리 기업에 직접 생산을 맡길 거로 보인다. 이와 같은 방식으로 대부분의 완성차 기업은 차량용 반도체의 불확실성을 최소화하겠다는 방침이다.

보다 자세히 살펴보면 차량용 반도체의 부족이 심화되면서 완성차 기업들은 발 빠르게 반도체 공급망에 대한 대책을 세우기 시작하였다. 예를 들면 포드는 글로벌파운드리와 공동으로 반도체를 개발

자료: 저자작성

하기로 하였으며 GM의 경우 설계는 NXP와 퀄컴 그리고 제조는 글로벌파운드리와 진행하기로 결정하였다.

나아가 BMW의 경우 설계는 이노바 반도체(INOVA Semiconductors)와 파트너십을 맺었고 제조는 글로벌파운드리와 협업하기로 하였다. 나머지 완성차 기업인 현대자동차, 도요타, 폭스바겐과 테슬라 등은 자체적으로 개발을 추진하기로 결정하였다(생산을 맡아줄 파운드리 기업을 아직 확보하지 않은 기업은 되도록 이른 시기에 확보해야 할 거로 보인다).

(1) 현대자동차 그룹(Hyundai Motor)

지금도 현대자동차는 코로나 19에 따른 반도체 부족사태로 인해 힘든 시간을 겪고 있다. 얼마 전까지만 해도 반도체 부족으로 많은 공장이 일정 기간 가동을 중단하거나 교대시간을 변경하면서 대응하였다. 나아가 현대자동차는 반도체의 부족사태를 해결하기 위해 차량용 반도체를 범용 반도체로 대체하는 방안도 추진하고 있다. 대체되는 반도체는 주로 차량용의 중요한 핵심 부분이 아닌 보조용이나 소모성의 제품에 사용되는 반도체이다.

쉽게 말하면 냉장고나 TV 등에 쓰이는 반도체를 차량용에 사용하겠다는 것이다. 이런 부분은 자동차의 운행이나 구동과 큰 관련이 없으므로 특별히 안전과 상관없으며 고장이 발생할 때 바로 교체할 수 있다. 예를 들면 후미등과 헤드라이트 등에 쓰이는 반도체는 차량의 구동에 직접적인 영향을 미치지 않고 일반 가정용으로도 쓰이기 때문에 수급이 비교적 원활한 편이다.

뿐만 아니라 현대자동차는 주요 협력 기업들과 파트너십을 맺고 해외 반도체를 국내 반도체로 대체하는 일도 적극적으로 진행하고 있다. 이에 따라 현대자동차는 이미 HL Mando(HL 만도) 등과 같은 8개 차량부품 기업뿐만 아니라 15개 팹리스 기업과 파트너십을 맺고 차량용 반도체를 국산화하는 방안을 적극적으로 추진하고 있다.

나아가 2022년 현대자동차는 차량용 반도체 분야에서 시너지를 내기 위해 차량용 반도체를 설계하는 스타트업인 보스반도체(Bos Semiconductors)에 자본을 투자하였다. 보스반도체는 2022년 설립되어 차량용 반도체에 필수적인 고성능 저전력반도체 설계, CPU 및 그래픽과 고속 신호 인터페이스 등의 기술을 바탕으로 시스템반도체를 개발하고 있다. 현대자동차는 이번 투자를 계기로 새로운 차량에 필요한 최적화된 차량용 반도체 관련 기술을 다각도로 검토하고 경

쟁력이 있는 차량용 반도체를 개발할 수 있도록 다양한 반도체 기업과 협력을 추진한다는 계획이다.[3]

한편 최근 현대자동차는 차량용 반도체의 확보에 사활을 걸고 어떻게 하면 반도체 수급을 안정적으로 가져갈 수 있는지에 대해 다방면으로 검토하게 되었다. 결국 현대모비스를 통해 2021년 반도체를 내재화하는 전략을 세우게 되었다. 이에 따라 현대자동차의 계열사인 현대모비스는 2020년 현대오트론(Hyundai Autron)의 반도체 사업을 그대로 이어받아 반도체 사업을 진행하게 되었다(현대오트론은 2012년 설립되면서부터 엔진 제어기용 반도체의 개발에 착수하였다). 특히 2020년 연구개발 부문에 반도체 설계 센터를 신설하고 차량용 반도체의 설계와 개발을 준비하고 있다.

현대모비스의 반도체 개발에 따라 앞으로 현대자동차는 반도체를 어느 정도 안정적으로 공급받을 수 있을 거로 예상할 수 있다.

최근 현대자동차는 반도체의 부족사태에도 불구하고 우수한 성과를 올리기도 하였다. 특히 현대자동차는 국내 시장뿐만 아니라 미국과 유럽 등 주요 글로벌 시장에서도 빠른 속도로 규모를 키우고 있는 상황이다. 이와 같이 현대자동차가 선전할 수 있었던 이유는 반도체의 공급망을 다변화하면서 북미와 유럽 시장에서 고객의 니즈에 발빠르게 대응하였기 때문이다.

뿐만 아니라 현대자동차는 주요 자동차 기업 중 가장 좋은 실적

---

3) 조인영, "현대자동차그룹, 보스반도체에 투자…미래 車 반도체 시너지" 데일리안 2022년 8월 24일 (https://www.dailian.co.kr/news/view/1145611/?sc=Daum)

을 올리게 되면서 글로벌 완성차 기업순위가 5위에서 3위로 상승하였다. 이는 환율의 상승과 비용절감에 따라 실적이 좋아진 면도 있다. 하지만 반도체 부족사태로 고가 자동차인 제네시스 판매량이 크게 늘어났을 뿐만 아니라 친환경차의 판매량도 증가하였던 게 큰 이유라 할 수 있다.

앞으로 현대자동차는 3위의 글로벌 완성차 기업이란 기록을 지속해서 유지할 수 있도록 반도체의 개발에도 적극적으로 나설 거로 예상된다.

(2) 도요타자동차(Toyota Motor)

도요타는 코로나 19가 발생한 후 다른 자동차 기업들과 달리 반도체 부족사태를 그리 심각하게 겪지 않았다는 특징이 있다. 어느 정도 충분한 반도체의 재고를 확보할 수 있었기 때문이다. 그럼 어떻게 도요타가 재고를 안정적으로 확보할 수 있었는지에 대해 구체적 내용을 살펴보도록 한다.

도요타는 2011년에 발생한 동일본 대지진을 겪게 되면서 공급망 관리를 강화하였다. 따라서 자동차 부품의 재고를 최대 4개월분을 확보하는 방향으로 재고관리의 정책을 실행한 게 반도체 부족사태를 어느 정도 해결하는 데 도움이 되었다. 도요타는 과거 동일본대지진 발생 당시 반도체 메이커인 르네사스 나카 공장의 지진으로 인한 가동 중단을 겪고 반도체가 가지고 있는 생산시스템의 특수성을 파악하였다. 그 이후 도요타는 직접 반도체의 재고량을 모니터링하는 시스템을 갖추고 적정 재고량도 대폭적으로 확대시켰다.[4]

구체적으로 도요타는 동일본대지진을 교훈으로 삼아 거래처에 있는 재고를 정확하게 파악할 수 있는 시스템을 만들게 되었다. 이건 바로 레스큐(Rescue · 긴급 상황에서의 공급망 강화)란 서플라이 정보시스템이다.

이 시스템은 일본 IT 서비스 기업인 후지쓰(Fujitsu)와 함께 개발하였다. 도요타는 이런 시스템을 이용하여 1차, 2차와 3차 협력 기업뿐만 아니라 그 외 다른 작은 협력 기업에 대한 부품정보도 공유할 수 있게 되었다. 따라서 도요타는 이런 시스템의 적극적인 활용으로 제조의 단계부터 언제 어떤 부품이 부족해질지 파악할 수 있었을 뿐만 아니라 재난 발생 시 빠른 대처도 가능하게 되었다.

뿐만 아니라 도요타는 동일본대지진을 계기로 부품업체의 체계적인 평가시스템에 대해서도 연구하게 되었다. 만약 어떤 부품기업이 장기간의 재난으로 생산을 하지 못하게 되면 대체부품을 다른 기업에 맡길 수 있는지에 대한 평가이다. 이를 통해 재고를 가져가는 방향에 대해서도 보다 체계적으로 관리할 수 있었다. 즉 대체할 수 있는 부품과 그렇지 못한 부품을 나누어서 대체할 수 없는 부품은 재고

---

4) 박정규, "장기화되는 차량용 반도체 부족의 원인" 네이버 포스트 2022년 3월 18일
(https://post.naver.com/viewer/postView.naver?volumeNo=33370123&member-No=51355096&vType=VERTICAL)

를 늘리게 했다.

물론 다른 완성차 기업들과 마찬가지로 도요타도 근본적 문제인 반도체 부족사태를 피해갈 수는 없었다. 이로 인해 최근 도요타는 미국, 캐나다와 멕시코 공장이 폐쇄되기도 하면서 주가가 하락하는 일을 겪기도 하였다. 그럼에도 불구하고 도요타는 계열사인 덴소(Denso)와 함께 반도체의 재고조달에 대한 노력의 결과에 따라 생산 차질을 어느 정도 최소화할 수 있었다. 이를 바탕으로 최근 도요타는 미국 자동차 시장에서 판매 1위를 기록하고 중국 시장에서도 10% 정도 판매가 증가하였다. 이에 힘입어 도요타는 2년 연속 세계 시장의 정상에 이름을 올릴 수 있게 되었다.

한편 최근 일본 정부의 적극적인 재정지원으로 TSMC는 구마모토에 새로운 차량용 반도체 팹을 건설하고 있다. 일본 정부는 일본의 반도체 제조능력이 과거보다 현저히 저하됨에 따라 반도체 산업을 부흥시키려 노력하고 있다. 이런 상황에서 최근 세계적 자동차 부품 기업이면서 도요타가 최대주주로 있는 덴소가 TSMC 공장건설 프로젝트에 적극적으로 참여하기로 하였다. 이에 따라 TSMC는 공장의 생산능력을 20% 증대하기로 하였으며 덴소는 제품 생산능력의 확보를 위해 400억 엔을 투자하게 된다. 결과적으로 도요타는 반도체의 안정적인 공급망을 확보하는 데 유리한 입장이 된 셈이다.

(3) BMW 그룹

BMW는 코로나 19로 인한 차량용 반도체의 부족사태에 비교적 유연하게 잘 대처한 편이다. 이에 따라 BMW는 반도체의 부족사태에도 불구하고 판매량을 어느 정도까지 유지할 수 있었다. 이게 가능하였던 이유는 반도체의 부족사태에 대해 사전에 잘 대비하였기 때문이다. 하지만 BMW도 2021년 반도체의 부족사태를 견디지 못하고 영국에 있는 옥스퍼드 공장과 독일 레겐스부르크 공장의 생산일정을 조정하고 생산축소를 결정하기도 하였다.

수입차 업계에 따르면 BMW는 반도체의 부족사태로 인해 국내 고객에게 인도되는 6시리즈 GT 모델에서 차 주변을 입체적으로 볼 수 있는 서라운드 뷰(Surround View) 기능을 빼고 가격을 인하하기도 하였다. 그리고 하이엔드를 제외한 모델에서도 HUD(Head Up Display)의 기능을 빼고 나머지 일부 모델에서는 터치스크린 기능도 빼게 되었다. 뿐만 아니라 반도체 부족으로 ADAS 시스템도 빼는 경우가 있었다.

하지만 BMW는 스마트한 기업경영 능력과 뛰어난 제품 라인업을 갖추게 됨에 따라 2021년 우수한 판매 실적을 달성하고 한때 벤츠(Benz)의 판매량을 앞서기도 하였다. 특히 전기자동차와 같은 친환경의 경쟁력이 높은 제품군에 대한 판매확대가 실적의 증가를 이끌게 되었다.

한편 BMW는 근본적인 반도체의 부족에 대한 문제를 해결하기 위해 2021년 반도체를 개발하는 팹리스 기업인 이노바 반도체와 계약을 맺게 되었다. 뿐만 아니라 개발한 반도체를 제조해 줄 수 있는 파운드리 기업인 글로벌파운드리와도 직거래 계약을 맺었다.

과거에 BMW는 협력 기업으로부터 반도체를 공급받고 있었지만 이젠 중간 과정을 거치지 않고 반도체를 직접 공급받을 수 있게 된 셈이다. BMW는 이번 반도체 기업들과의 새로운 계약으로 연간 수백만 개의 반도체를 공급받게 될 거로 전망하고 있다. BMW 코리아 관계자는 "계약 자체가 장기적 수급을 위한 거기 때문에 이전보다 안정적으로 반도체 확보가 가능하다"며 "해외에서 차량을 수입해 오는 구조적 특성상 향후 국내의 물량보급에도 긍정적인 영향을 미칠 수 있다"고 말하였다. 직접 거래 방식의 장점에 대해선 "반도체 공급 및 거래 물량의 파악과 관련해 보다 투명성을 확보할 수 있어서 이점을 갖는다"고 설명하였다.[5]

앞으로 BMW는 늘어나고 있는 전기자동차의 수요를 충족하기 위해 전기자동차를 중심으로 생산을 확대할 예정이다. 이를 위해 독일 공장의 인력을 6천 명 정도 추가로 채용하였다. 나아가 전기자동차를 생산하기 위한 반도체는 이미 충분하게 확보한 거로 전해지고 있다.

최근 BMW는 퀄컴과 ADAS 시스템을 차량에 구현하기 위해 파트너십을 맺었다. 그리고 자율주행 솔루션(Autonomous Solution) 기업

---

[5] 유주엽, "반도체 해법 마련하는 BMW…국내서 벤츠와 간격 더 좁힐까." 시사저널e 2021년 12월 13일 (http://www.sisajournal-e.com/news/articleView.html?idxno=246121)

인 어라이벌(Arrival)과도 파트너십 계약을 체결하게 되었다. BMW
는 이들 기업과의 파트너십을 통해 자율주행을 위한 기술개발에 힘
쓰고 있다.

나아가 BMW는 완전 자율주행 단계인 레벨 5를 하루라도 빨리
실현하려 노력하고 있다. 특히 BMW는 차세대 전동화 플랫폼인 뉴
클래스(Neue Klasse)를 2025년까지 개발하고 이를 전기자동차에 탑재
하는 거를 목표로 삼고 있다. 참고로 BMW는 조만간 자율주행 레벨
3을 상용화할 예정이다.

(4) GM(General Motors)

GM은 코로나 19에 따라 반도체의 부족사태로 인해 가장 큰 피해
를 입은 기업 중 하나이다. GM은 반도체 부족으로 인해 미국 캔자
스주, 캐나다 온타리오주의 북미지역과 멕시코의 남미지역을 포함한
국내의 여러 공장을 일시적으로 생산 중단하기도 하였다. 이런 결과
에 따라 GM은 매출과 수익에서 많은 손실이 불가피하게 되었다. 그
리고 GM은 지금까지도 반도체 부족으로 인해 원하는 만큼의 생산
량을 채우지 못하고 있기 때문에 앞으로도 상당기간 큰 피해가 지속
적으로 이어질 거로 예상하고 있다.

이와 같은 반도체의 부족사태에 대응하기 위해 GM은 다양한 반
도체의 사용을 자제하고 반도체의 종류를 95%까지 줄이면서 3가
지 계열의 반도체만 사용하는 대책을 구상하기도 하였다. 이에 따라

GM은 반도체의 생산효율과 품질을 증가시킬 수 있을 뿐만 아니라 공급에 있어 예측 가능성을 높일 수 있게 되었다. 아울러 GM은 반도체 부족으로 인한 수익 감소를 개선하기 위해 저가모델에 반도체를 사용하는 대신 고가모델인 SUV와 트럭에 반도체를 집중적으로 사용하여 고수익을 낼 수 있는 전략을 실행하고 있다. 나아가 반도체 부족으로 인해 쉐보레 콜로라도, 블레이저, 에퀴녹스와 실버라도 등 주요 모델에서 열선시트 기능을 제거하였으며 대형 SUV 및 픽업 트럭 등에선 스타트/스톱(Start/Stop) 기능을 빼면서 차량을 출고하였다.

뿐만 아니라 GM은 보다 근본적으로 반도체 부족 문제를 해결하기 위해 반도체를 기존의 협력 기업에서 받는 게 아니라 직접 수급할 수 있는 체제를 구축하는 방안을 검토하게 되었다. 그리고 GM은 적응순항제어(ACC)와 차선변경지원(LCA)의 기능을 자동차에 구현할 수 있도록 퀄컴의 자율주행 지원시스템에 특화한 반도체를 자사의 자동차에 탑재하는 작업도 개시하였다.

이런 작업의 일환으로 GM은 울트라 크루즈라는 새로운 기술을 개발하고 있다. 이는 ADAS란 운전자를 보조하는 기술이며 GM은 크루즈 기술을 캐딜락과 전기자동차 모델에 적용할 예정이다. GM은 이 기술을 2023년까지 22개 자동차 모델의 선택적인 사양으로 고객들에게 제공할 예정이다. 이 기술은 퀄컴의 5nm 공정에서 제작된 SoC 기반의 새로운 컴퓨팅 아키텍쳐를 통해 구동된다. 이 칩은 성능과 전력효율이 뛰어난 거로 알려지고 있다.

특히 울트라 크루즈 컴퓨팅엔 최고의 안전 무결성을 제공하는 인피니언의 오릭스(Aurix) TC397 프로세서가 포함되어 있다. 참고로 GM은 2013년 설립된 자율주행 벤처기업인 크루즈 오토메이션(Cruise Automation)을 7년 전 10억 달러에 인수하였다. 이 기업은 과거 소프트뱅크(Soft Bank), 혼다(Honda)와 마이크로소프트(Microsoft)로부터 투자를 받기도 하였으며 최근 자율주행차로의 본격적인 기술진보에 따라 기업가치가 크게 상승하였다.

한편 GM은 조만간 레벨 3의 자율주행차를 출시한다고 발표하였다. 완성차 기업 중에선 매우 빠른 편에 속한다. 나아가 최근 GM은 자동차 사업에만 머무르는 게 아니라 철도, 선박, 항공과 우주산업까지 사업영역을 확장한다는 발표를 하였다. 이를 위해 관련 기업들과 파트너십을 맺고 있으며 지금은 상당한 진척을 이룬 상태이다.

마지막으로 GM은 한국에서 대우자동차의 승용차 부문을 인수하면서 부평, 창원과 보령에 3개의 공장을 보유하고 있다. 그리고 2011년 GM 대우 브랜드의 폐지와 함께 한국 GM으로 사명을 변경하였다. 아울러 한국 GM은 국내 시장에 다양한 차량을 판매하고 있을 뿐만 아니라 해외 시장에도 수출을 하고 있다. 나아가 국내에 지엠테크니컬센터코리아란 R&D센터도 보유하고 있다.

(5) 폭스바겐 그룹(Volkswagen)

폭스바겐은 독일에 본사를 두고 있으며 아우디, 포르쉐, 람보르기

니, 벤틀리와 부가티 등의 다양한 브랜드를 가지고 있는 전 세계 2위 완성차 기업이다.

폭스바겐은 독일 볼프스부르크를 비롯해 츠비카우와 드레스덴 등에 생산라인을 보유하고 있으며 해외엔 미국, 멕시코, 중국, 러시아와 독일 등에 생산라인을 보유 중이다.

폭스바겐은 과거 여러 생산라인에서 차량용 반도체 부족으로 인해 수차례나 공장 가동을 중단한 적이 있으며 2022년 초에도 이로 인해 생산량을 감축하기도 하였다.

폭스바겐은 코로나 19가 발생하기 전부터 차량용 반도체 기업들과 협업한 적이 많았다. 예를 들면 폭스바겐은 같은 국가의 자동차 반도체 기업인 인피니언과 협업을 한 적이 있다. 기존에도 꾸준히 협력해 오던 관계였으나 폭스바겐 그룹의 네트워크 FAST(Future Automotive Supply Tracks) 파트너로서 2019년 본격적으로 들어오게 되었다. 뿐만 아니라 같은 해에 폭스바겐은 네덜란드의 차량용 반도체 기업인 NXP 반도체와도 파트너가 되었다. 이에 따라 폭스바겐의 골프 차량에 고도의 안전성을 제공하는 로드링크(RoadLINK) V2X 통신 솔루션을 도입하였다. 과거에도 폭스바겐은 NXP 반도체와 협력한 적이 있으며 NXP 반도체는 높은 신뢰성과 성능뿐만 아니라 사이버 보안과 사생활을 보호하는 V2X 통신을 폭스바겐에 제공하기도 하였다.

그럼에도 불구하고 폭스바겐은 코로나 19로 인한 차량용 반도체의 전반적 부족사태를 피해 갈 수 없었다. 이에 따라 2022년 폭스바겐은 퀄컴과 협력하여 차량용 자율주행 기술개발을 위한 파트너십을 맺었다. 폭스바겐은 2031년까지 퀄컴과 상호 협력 관계를 유지할 예정이다. 나아가 폭스바겐은 2026년부터 자사의 모든 차량에 자율주행을 위해 퀄컴의 SoC를 탑재하게 된다. 이 SoC엔 CPU와 GPU, NPU, RAM, ROM과 컨트롤러 등 다양한 부품이 하나의 칩에 내장됨으로써 다양한 자율주행 기능을 수행하게 된다.

뿐만 아니라 최근 삼성전자의 차량용 반도체도 폭스바겐의 차량에 탑재되는 거로 알려지고 있다. 이 반도체는 인공지능(AI) 연산기능을 제공하는 인포테인먼트용 프로세서 엑시노스 오토 V7이다. 차량용 반도체는 자율주행차에 탑재되는 수요가 증가함에 따라 기하급수적으로 증가할 거로 보인다. 이외에도 삼성전자의 전력관리와 연결 칩은 폭스바겐 자동차의 다양한 전원공급 장치에 사용될 거로 예상된다.

이런 상황에서 폭스바겐은 다양한 반도체의 부족으로 반도체 공급난의 근본적인 해결이 무엇보다 중요하다고 판단하고 있지만 아직까지 해결은 쉽지 않은 상황이다. 폭스바겐은 지정학적 불확실성으로 인해 반도체 공급망이 더 복잡해지게 되면서 지금도 많은 어려움에 직면하고 있다. 그동안 폭스바겐은 반도체 공급망의 다변화 추진과 조기경보 시스템 도입으로 반도체 공급의 차질에도 대비하였지만 큰 효과를 거두지 못하고 있다.

한편 폭스바겐의 2021년 자동차 판매량은 전년 대비 6% 감소했지만 매출액은 12% 증가한 2,502억 유로로 발표되었다. 특히 전 세계 반도체 공급 부족으로 인해 폭스바겐 그룹의 2021년 자동차 판매량은 전년 대비 감소한 860만대를 기록하였다. 하지만 성공적인 e-모빌리티 공세 덕분에 전 세계 전기자동차 판매량은 두 배 가까이 상승한 45만 2,900대를 기록하였다. 폭스바겐은 유럽 전기자동차 시장에서 25%의 시장점유율로 명실상부한 리더로 자리매김하였다.[6] 앞으로 폭스바겐은 장기적으로 진행되고 있는 차량용 반도체 부족이 다소 완화되어 차량 생산을 확대할 수 있을 거로 기대하고 있다.

(6) 포드(Ford Motor)

포드는 1903년 헨리 포드가 미국에서 설립하였으며 포드시스템으로 유명한 기업이다. 그리고 포드는 세계에서 최초로 자동차를 대량으로 생산한 기업이기도 하다. 따라서 포드는 미국 자동차 산업의 원조라 할 수 있으며 지금까지도 미국 내에서 가장 인지도가 높은 완성차 기업이다. 특히 포드는 100년 이상의 역사를 가지고 있으며 많은 충성스러운 고객들을 보유한 전통이 있는 기업이다.

하지만 포드는 코로나 19로 인한 반도체 부족으로 다른 완성차 기업보다 큰 타격을 입은 거로 알려지고 있다. 포드가 재고에 대한 부담을 덜기 위해 JIT 방식으로 자동차를 생산하고 있었기 때문이

---

6) 김훈기, "폭스바겐그룹, 반도체 부족에도 견고한 실적 달성 단, 우크라이나 사태 예측 불능" 오토헤럴드 2022년 3월 15일 (http://www.autoherald.co.kr/news/articleView.html?idx-no=43367)

다. 나아가 포드는 2021년 3월 차량용 반도체를 생산하고 있는 일본 르네사스의 팹에 화재까지 발생하면서 더욱 타격이 심하였던 거로 알려지고 있다.

이에 따라 포드는 2021년 일리노이, 오하이오, 켄터키, 미시간, 미주리주와 캐나다 온타리오주에 위치한 생산라인을 여러 차례 중단하고 근로자들의 시간 외 근무를 금지하면서 생산량을 줄이기도 하였다. 그리고 포드는 차량용 반도체 부족사태로 어쩔 수 없이 비안전 기능에 대해 반도체가 없이 자동차를 출하하고 나중에 반도체를 구하고 나서 다시 설치해 주기도 하였다. 나아가 포드는 2022년에도 반도체 부족난이 이어져 미국, 캐나다와 멕시코에 위치한 8개 공장의 가동을 멈추기도 하였다.

이에 따라 포드는 앞으로도 반도체 대란이 장기화할 거로 예상하여 자체 조달능력을 강화해야 한다는 위기의식을 갖게 되었다. 특히 포드는 점진적으로 전기자동차의 생산 확대에 주력할 예정이기 때문에 반도체의 수요량은 더욱 급증할 수밖에 없다. 이에 따라 포드는 반도체 부족 사태에 대한 근본적인 해결을 위해 반도체 제조기업과 제휴의 필요성을 인식하고 2021년 말 글로벌파운드리와 협업을 발표하였다.

나아가 포드는 2020년 인텔의 자회사인 모빌아이와 차세대 자율주행 기술 및 안전기능 지원을 위한 전략적 파트너십을 맺게 되었다. 포드의 차량에 모빌아이의 저전력 데이터 처리를 위해 설계된 SoC인 EyeQ가 적용될 예정이다. EyeQ는 카메라의 감지 기반으로 전방

충돌에 대한 사전 경고뿐만 아니라 보행자 및 자전거 감지 같은 기능을 지원하게 된다. EyeQ는 차후 포드의 핸즈프리 주행시스템에도 적용될 예정이다.

나아가 포드는 이미 NXP 반도체와도 차세대 커넥티드 카의 경험과 서비스 확장을 위해 협력한다고 밝혔다. NXP는 2021년형 포드 F-150 픽업, 머스탱 마하-E와 브롱코 SUV 등 포드의 전 라인업에 차량 네트워킹 프로세서와 i.MX 8 시리즈 프로세서를 공급한다. 이번 협력으로 포드의 새로운 차량 아키텍처에 NXP의 차량 네트워킹, 게이트웨이와 i.MX 8 시리즈 프로세서가 적용되어 향상된 서비스, 편의성, 사용자 경험과 차량 OTA(Over-the-Air) 업데이트 등이 지원될 예정이다.[7]

현재 포드는 지속적으로 전기자동차 판매량의 확대에 주력하면서 2026년까지 전기자동차에 500억 달러를 투자하겠다고 발표하였다. 이는 다른 완성차 기업과 비교해 압도적인 금액이다. 그리고 포드는 다른 완성차 기업들과 다르게 내연기관 자동차를 전기자동차로 전환하는데 집중하는 전략을 펼치고 있다. 이는 사업을 여러 분야로 분산시키지 않고 기업의 역량을 한 곳에 쏟겠다는 것이다.

결론적으로 포드는 다른 완성차 기업들보다 전기자동차의 생산을 확대함에 따라 반도체의 수요가 급증할 거로 예상된다. 이에 따라 포

---

7) 최태우, "NXP반도체, 포드와 커넥티드카 서비스 고도화 맞손" IT비즈뉴스 2021년 11월 15일
    (https://www.itbiznews.com/news/articleView.html?idxno=55467)

드는 보다 적극적으로 반도체 부족난에 대응해 나아갈 거로 본다.

(7) 테슬라(Tesla)

테슬라는 다른 완성차 기업에 비해 반도체 부족사태를 그리 심각하게 겪지 않았다. 테슬라는 애초부터 자동차를 만든 기업이 아니어서 자동차를 기계장치가 아닌 전자 디바이스로 생각하고 미리 준비를 해왔기 때문이다. 다시 말하면 테슬라는 사업을 시작할 때부터 반도체의 중요성을 인식하고 미리 대비해온 것이다. 이와 같이 테슬라는 처음부터 내연기관의 자동차가 아닌 전기자동차로 사업을 시작하였다는 게 주요 특징이다.

테슬라가 반도체 대란을 크게 겪지 않은 다른 이유는 차량에 반도체를 비교적 적게 사용하였다는 점이다. 다른 완성차 기업들은 보통 ECU(Electronic Controller Unit)를 70개 이상 사용하고 있지만 테슬라는 불과 5개 정도만 사용하고 있다. 칩을 자체적으로 설계하면서 한 개의 칩에 여러 개의 기능을 모아 사용할 수 있는 통합 칩을 설계한 덕분이다. 나아가 테슬라는 자체적으로 개발한 운영체제(OS)를 보유하고 있기 때문에 이 운영체제를 고도화함으로써 칩의 개수를 크게 줄일 수도 있었다. 뿐만 아니라 테슬라는 A칩이 부족한 경우 B칩으로 대체하고 소프트웨어를 다시 B칩에 맞게 설계함으로써 반도체의 부족사태를 어느 정도 해결할 수도 있었다.

물론 테슬라가 반도체 부족사태를 전혀 겪지 않은 건 아니다. 일부 차량에서 사용되는 반도체가 부족하여 어쩔 수 없이 반도체를 탑재하지 않고 출하를 진행하는 경우도 있었다. 특히 테슬라는 2022년 코로나 19로 인한 중국의 상하이 봉쇄조치로 상하이 공장의 운영을 중단하기도 하였다.

결과적으로 테슬라도 반도체의 안정적인 수급을 위해 2021년부터 자사의 차량용 반도체를 생산해줄 수 있는 파트너로서 삼성전자와 협력하기로 결정하였다. 테슬라는 삼성전자로부터 차량용 메모리 반도체를 공급받을 수 있을 뿐만 아니라 다양한 차량용 시스템반도체도 공급받을 수 있다. 따라서 테슬라로선 삼성전자가 중요한 파트너일 수밖에 없다. 특히 공급받는 반도체들은 주로 IVI(In Vehicle Infotainment)에 적용된다. 5G에서 6G 통신으로 넘어가게 되면 고성능 반도체가 더욱 필요해지기 때문에 삼성전자의 중요성은 더욱 커지게 된다.

뿐만 아니라 테슬라는 2022년부터 차세대 전력반도체를 한국에서 만들기로 결정하였다. 이에 따라 세계 전력반도체 2위 기업인 온세미컨덕터(On Semiconductor)가 테슬라의 전기자동차에 들어갈 반도체를 생산하기 위해 국내 팹의 확장에 착수하였다. 테슬라가 온세미컨덕터의 부천 실리콘카바이드(SiC) 반도체 팹을 활용하는 가장 큰 배경은 공급망 다변화이다. 테슬라의 SiC 반도체의 다변화에 대한 움직임은 최근 IT 시장을 옥죄고 있는 차량용 반도체의 공급망 마비에 기인한다. 유럽에 본사를 두고 있는 ST 마이크로의 의존도를

낮추기 위해 온세미컨덕터와 계약을 타진하는 거로 해석되고 있다.[8]

한편 테슬라는 2022년 1분기 매출에서 전년 동기 대비 68% 증가한 깜짝 실적을 발표하였다. 매출 증가는 주로 전기자동차의 가격 인상에 따른 결과이다. 테슬라는 불과 몇 년 전만 해도 큰 적자를 보기도 하였지만 이제 어느 정도 사업이 안정궤도에 진입하였다고 볼 수 있다. 특히 테슬라는 전 세계에 수많은 광적인 마니아층을 확보하고 있기 때문에 앞으로도 큰 기대를 모을 수 있을 거로 본다.

---

[8] 강해령, "전력반도체 韓서 만드는 테슬라…낙점한 배경은" 서울경제 2022년 3월 18일
(https://www.sedaily.com/NewsView/263GT82NA1)

PART

2

모빌리티와
반도체

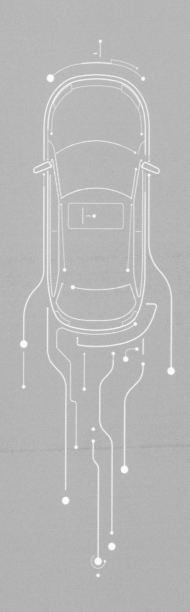

이제 자동차는 더 이상 이동하는 수단만으로 기능하지 않는다. 앞으로 자동차는 이동은 기본이 되고 자동차 내에서 다양한 고객의 니즈를 충족시키는 일이 중요해지고 있다. 완성차 기업들도 자동차의 제조란 기존의 비즈니스를 넘어 모빌리티란 이미지의 기업으로 변신 중이다. 앞으로 자율주행의 시대엔 고객의 자동차 구매가 크게 감소하게 될 거로 보여 다양한 비즈니스 모델을 개발하지 않으면 생존이 어렵게 될 수도 있다.

특히 자동차 산업이 기존의 이동 비즈니스에서 공간 비즈니스로 변화되고 있기 때문에 차량의 내부에서 고객의 니즈를 충족시켜주는 게 무엇보다 중요해졌다. 나아가 완성차 기업은 고객의 다양한 니즈를 충족시킬 수 있는 모빌리티의 개발도 필수이다. 이제 완성차 기업들은 이동과 공간을 넘어 고객의 라이프 사이클을 관리할 수 있는 비즈니스 모델로까지 확장을 검토하고 있다. 모빌리티 산업이 우리 일상의 거의 모든 거에 관여하는 라이프 플랫폼이 되고 있는 셈이다.

뿐만 아니라 실제 자동차도 서서히 자율주행이 가능해지면서 모빌리티로 전환되고 있다. 그리고 자율주행 기술은 모빌리티에도 적용되어 앞으로 다양한 모빌리티가 출현하게 될 전망이다. 이와 같이 급변하는 시장에서 반도체의 중요성은 더욱 커지고 있다. 자동차가 자율주행으로 바뀌고 다양한 모빌리티를 개발하게 되면 사용되는 반도체의 개수가 급격하게 증가하기 때문이다.

과거 내연기관 자동차엔 주로 구동을 위한 성숙공정의 반도체가 사용되었다. 하지만 지금은 자율주행이 고도화되면서 첨단공정의 반도체 탑재도 급속하게 늘어나고 있다. 나아가 자율주행 기술이 다양한 모빌리티에도 적용되기 때문에 반도체의 수요도 더욱 증가할 거로 예상된다.

이에 따라 다양한 반도체 기업이 모빌리티용 반도체 사업에 뛰어들고 있는 중이다. 과거 차량용 반도체 사업은 글로벌 전문 차량용 반도체 기업들이 시장을 과점하고 있었다. 그리고 차량용 반도체는 기본적으로 스펙이 까다롭기 때문에 새로운 기업이 시장에 진입하는 게 쉽지 않았다.

하지만 코로나19로 인해 반도체 부족난이 심화되고 고객들이 적극적으로 새로운 공급처를 찾게 되면서 새롭게 시장에 진입하고 있는 기업에 기회가 생기고 있다. 그리고 차량용 반도체는 다양한 모빌리티에 사용될 수 있을 뿐만 아니라 시장이 커지고 가격도 상승하면서 많은 기업에 매력적인 시장으로 변화되고 있다.

따라서 반도체 기업을 포함한 다양한 기업이 시장에 진입 중이다. 앞으로 반도체 기업은 모빌리티란 거대한 시장을 기대할 수 있기 때문에 대부분의 글로벌 반도체 기업이 모빌리티용 반도체 시장에 진입하고 있다.

특히 모빌리티용 반도체는 시장의 규모가 기대 이상으로 커지게 될 거로 전망된다. 다양한 반도체가 모빌리티에도 적용될 거기 때문이다. 나아가 모빌리티는 종류가 많고 앞으로 더욱 다양해질 예정이다.

이에 따라 기존 자동차에 사용되던 차량용 반도체뿐만 아니라 모빌리티에 새롭게 사용되는 반도체도 늘어나게 된다. 모빌리티에 첨단기능이 추가될수록 사용되는 반도체 수량은 늘어날 수밖에 없다. 모빌리티 중에서도 자율주행차, UAM(도심항공모빌리티, Urban Air Mobility)과 PBV(목적기반모빌리티, Purpose Built Vehicle) 등에 많은 반도체가 사용될 거로 전망하고 있다. 많게는 대당 몇 만 개의 반도체가 사용될 거로 보인다.

따라서 모빌리티에서 반도체가 차지하는 비용이 20% 정도에 이를 전망이다. 특히 모빌리티와 연관되어 파생되는 부가적 디바이스를 포함하면 반도체의 수량과 금액은 훨씬 늘어나게 된다. 다시 말하면 모빌리티와 반도체는 불가분의 관계라 할 수 있으며 반도체의 기술발전이 없으면 모빌리티 산업도 성장할 수 없다고 봐야 한다.

현재 많은 기업이 모빌리티 시대에 대비하고 있다. 특히 모빌리티의 경쟁력은 소프트웨어와 반도체라 할 수 있다. 무엇보다 소프트웨어와 반도체의 적절한 융합이 중요하다. 모빌리티를 만들고 있는 빅테크 기업들이 반도체 개발에 나서는 이유가 있다. 소프트웨어의 능력만으로는 모빌리티 시장에서 우위를 점할 수 없기 때문이다. 즉 소프트웨어와 반도체의 최적화된 조합이 최고 성능의 모빌리티를 만들 수 있다고 본다. 따라서 모빌리티 시장에 진입하고 있는 많은 기업이 반도체를 내재화할 거로 예상하고 있다.

04 ▷ 자동차 산업에서 모빌리티 산업으로

앞으로 차량용 반도체는 자동차를 넘어 모빌리티에도 많이 사용될 거로 보인다. 모빌리티의 종류는 매우 다양하며 자율주행차, UAM, PBV와 전동식 킥보드 등과 같이 인간이 탈 수 있는 모든 이동수단뿐만 아니라 인간이 타지 않는 로봇과 드론까지도 포함된다(모빌리티의 종류와 의미에 대해선 뒷부분에서 보다 자세히 설명하기로 한다). 심지어 기차, 선박, 항공기와 우주선 등도 모빌리티로 변화하고 있다. 이와 같은 모빌리티를 자율적으로 움직이게 만드는 핵심은 반도체이다.

특히 하늘을 날아다니는 택시로 불리고 있는 UAM은 미래 모빌리티의 핵심 중 하나로 주목받고 있다. UAM은 기체·부품 제작,

MRO(Maintenance, Repair and Overhaul), 운항·관제, 인프라, 서비스·보험 등으로 다양한 기술이 복합적으로 맞물려 있으며 고도의 기술력이 필요한 만큼 시장의 규모도 2020년에 90억 달러에서 2040년엔 1조 7,500억 달러 수준까지 성장할 거로 전망하고 있다.[9)]

PBV는 단순한 이동수단을 넘어 캠핑카, 푸드트럭과 응급차 등과 같이 각종 필요에 맞게 다양한 기능을 가지고 있는 목적기반 모빌리티이다. 따라서 여기에도 다양한 반도체가 많이 탑재될 거로 본다. 나아가 최근 한국은 자체적 기술로 실용위성을 우주에 쏘아 올린 7번째 국가가 되었다. 앞으로 우주산업이 지속적으로 발전되면 더욱 다양한 반도체가 사용될 거란 점에도 의심할 여지가 없다.

특히 UAM은 완전 자율주행차보다 먼저 상용화될 가능성이 높으며 자율주행차보다 반도체가 더 많이 사용될 거로 예상한다. 이미 국내 기업뿐만 아니라 많은 글로벌 기업이 UAM의 제조에 뛰어들고 있다. 뿐만 아니라 UAM과 연관된 다른 부가시설에도 반도체가 많이 사용될 거로 예측된다. 예를 들면 UAM을 지상 모빌리티와 연결해 주는 터미널과 같은 허브(Hub)이다. 이에 따라 모빌리티 산업이 어느 정도 성숙단계에 들어가게 되면 반도체 시장이 크게 확장될 거로 보고 있다. 이미 SK텔레콤과 KT가 UAM 사업에 적극적으로 뛰어들고 있으며 UAM에 사용될 수 있는 AI 반도체도 개발하고 있다.

특히 모빌리티의 핵심은 자율주행 기술이다. 즉, 사람이 운전하지

---

9) 양성운, "뉴트로 재계 및 산업 분야 주요 키워드는 반도체·UAM·친환경" 메트로신문 2022년 5월 29일 (https://www.metroseoul.co.kr/article/20220529500024)

않고도 목적지를 향해 자율적으로 움직이는 기술이다. 따라서 반도체가 중심적 역할을 할 수밖에 없다. 나아가 이동하는 모빌리티 내에서도 사람들이 운전하지 않는 시간을 활용할 수 있도록 다양한 서비스가 제공된다. 그리고 이런 서비스를 제공하는 다양한 디바이스에도 반도체를 사용할 수밖에 없다. 다시 말하면 미래의 모빌리티는 반도체가 내부 곳곳에 사용되기 때문에 모든 모빌리티는 움직이는 가전제품이라 할 수 있다.

현재 IBM과 구글 같은 IT 기업뿐만 아니라 현대자동차, 도요타, 포드, GM과 닛산(Nissan) 등 완성차 기업들도 대부분 모빌리티 시장에 진입하여 경쟁을 벌이고 있다. 맥킨지(Mckinsey)가 조사한 결과에 따르면 전 세계 모빌리티 시장의 규모는 2015년에 300억 달러(약 33조 원)에서 2030년엔 1조 5,000억 달러(약 1,680조 원) 정도로 확대될 거로 예상한다. 이는 많은 기업에 새로운 사업으로서 충분히 매력적인 시장이며 반도체 시장과 비교하면 3배 이상 크다.

이에 따라 앞으로 더욱 다양한 기업이 모빌리티 시장에 진입할 거로 보인다. 모빌리티 산업은 더 이상 미래의 일이 아니다. 지금 우리에게 닥치고 있는 현실세계인 셈이다. 이에 따라 한국뿐만 아니라 선진국들도 모빌리티 시장을 선점하기 위해 앞다투어 준비하고 있다.

❶ 자동차 기업이 모빌리티 기업으로 변화하는 이유

그동안 자동차 산업은 137년이라는 역사와 함께 과거와 마찬가지로 계속해서 같은 방식으로 유지될 듯 보였다. 하지만 자동차 산업에 언젠가부터 모빌리티라는 새로운 개념이 등장하기 시작하였다. 자동차가 자율주행이 점진적으로 가능해지면서 이동수단이 다양해지게 되었기 때문이다. 특히 이제 자동차는 더 이상 이동만의 수단이 아니다. 이동은 기본이 되었을 뿐만 아니라 운전에서 조금씩 자유로워짐에 따라 자동차 내에서 다양한 활동이 가능해지고 있다. 앞으로 자율주행의 시대엔 자동차는 침실, 거실, 오피스와 엔터테인먼트 등의 다양한 기능이 가능해지게 된다. 다시 말하면 이제 자동차는 이동수단을 넘어 라이프 플랫폼으로 발전하고 있는 중이다.

특히 불과 몇 년 전만 해도 모빌리티란 말은 우리에게 매우 생소한 개념이었다. 그럼에도 불구하고 어느 순간부터 모빌리티란 게 이미 우리 생활에서 대세가 된 거처럼 보인다. 이에 따라 완성차 기업들도 변화하는 시대에 맞추어 새롭게 변신하지 않으면 안 되는 절박한 상황이 되었다.

결과적으로 다가올 미래에 완성차 기업들은 위기와 기회를 동시에 맞이하고 있다. 이미 지금 세계는 공유경제로 진입하여 자동차를 소유하려는 사람들이 지속적으로 줄어들고 있다. 특히 레벨 5의 완전 자율주행차가 상용화되면 굳이 자동차를 주차장에 세워둘 필요가 없어지기 때문에 1대의 자동차를 여러 사람이 같이 이용하기가 훨씬 수월해지게 된다. 지금 차주가 자동차를 이용하는 시간은 하루에 평균 10%도 채 되지 않지만 완전 자율주행차로 바뀌게 되면 사용시간이 최대 90%에 이를 수도 있을 거로 보인다.

따라서 완성차 기업의 입장에선 급감하는 자동차의 수요를 대신할 수 있는 새로운 시장이 필요하고 그 시장이 바로 모빌리티 시장이라 할 수 있다. 특히 많은 국가에서 점진적으로 기존 내연기관 자동차의 생산을 중단하려는 움직임이 나타나고 있으며 한국도 예외는 아니다. 이렇게 되면 기존 내연기관 자동차를 생산하던 기업들은 어쩔 수 없이 전기자동차를 생산하면서 최종적으로는 자율주행차를 생산할 수밖에 없게 된다. 어떻게 보면 완성차 기업이 모빌리티 기업으로 전환하는 건 피할 수 없는 선택이기도 하다.

따라서 지금 자동차 산업은 새로운 패러다임으로 전환되는 시기이다. 자동차 산업의 모빌리티 산업으로의 전환은 완성차 기업에 위기이자 기회일 수 있다. 지금까지 완성차 기업들이 쌓아온 다양한 경험과 노하우가 의미가 없어질 수도 있지만 어떻게 받아들이고 대응하느냐에 따라 새로운 기술을 축적할 수 있는 기회가 될 수도 있다. 만약 완성차 기업들이 이런 변화를 기회로서 받아들이고 잘 활용할 수 있다면 더 큰 시장을 확보할 수도 있다.

하지만 모빌리티 시장이 빠르게 성장하면서 많은 기업이 시장에 진입 중이다. 새로운 시장이 형성됨에 따라 다양한 업종의 기업이 시장에 뛰어들고 있다. 그리고 각 기업은 모두 새로운 시작점에서 동등

한 입장으로 경쟁하게 된다. 즉, 모든 기업이 시작점에서 새로 출발하게 되는 셈이다. 모빌리티 시장에서 기존의 완성차 기업이 유리할지 아니면 다른 IT 업종의 기업이 유리할지는 아직 예측하기 힘들다. 하지만 업종에 상관없이 시장의 흐름과 니즈에 적절하게 대응할 수 있는 기업은 모빌리티 시장을 개척해 나아갈 수 있다.

② 모빌리티 산업으로 확대되는 반도체

모빌리티는 IT를 활용한 디바이스로 자동차를 포함한 모든 탈것을 지칭하는 말이다. 그리고 자동차에 들어가는 반도체는 거의 대부분 모빌리티에도 사용될 수 있을 거로 본다. 아울러 PBV 등과 같은 모빌리티에서 이동은 기본수단에 불과하고 내부에서의 활동이 더 중요하다. 이런 내부 활동을 지원해 주는 디바이스엔 많은 반도체가 사용될 수밖에 없다. 그리고 이런 반도체들은 안전과 관련이 없어 굳이 지나치게 까다로운 스펙의 반도체가 필요하지 않을 수도 있다. 따라서 차량용 반도체가 아닌 일반 반도체도 많이 필요하게 될 거로 예상된다.

지금 반도체 시장에서 자동차가 차지하는 비중은 대략 10% 정도이다. 아직까지는 그리 큰 비중이라 할 수는 없다. 하지만 자동차 시장이 점진적으로 모빌리티 시장으로 확대되면서 차량용 반도체 시장의 규모가 커지고 있다. 여기에는 크게 2가지 증가 요인이 있다. 첫째, 모빌리티 1대당 쓰이는 반도체의 증가에 따라 시장이 커지는 것이다. 앞으로 모빌리티도 100% 전동화로 인해 엄청난 양의 반도체가 사용될 거로 전망하고 있다. 둘째, 모빌리티의 종류가 다양해짐에 따라 반도체 시장이 커지는 것이다. 특히 앞으로 모빌리티의 종류는 더욱 늘어날 수밖에 없다. 따라서 앞으로 자동차를 포함한 모빌리티 시장이 반도체가 적용되는 애플리케이션의 15% 정도까지 성장할 수 있을 거로 전망하고 있다.

따라서 자동차뿐만 아니라 각종 모빌리티에 사용되는 반도체의 수량은 기하급수적으로 증가할 거로 예상된다. 기본적으로 모든 모빌리티가 자율주행을 도입할 거로 기대되기 때문이다. 더 이상 우리가 생각하고 있는 과거의 자동차 시장이 아닌 것이다. 이에 따라 미래엔 자동차를 포함한 모빌리티 시장이 반도체가 가장 많이 쓰이게 되는 시장이 될 거로 보인다.

특히 모든 모빌리티에 완전 자율주행이 실행되면 사용되는 반도체의 시장규모는 상상을 초월할 정도가 된다. 이런 이유로 인해 모빌리티 분야는 반도체 기업에 매우 매력적인 시장이 될 것이다. 이게 바로 많은 반도체 기업이 모빌리티 시장에 뛰어들고 있는 이유이다. 특히 기존의 전문 차량용 반도체 기업들이 독차지하면서 지켜오던 자동차 시장에서의 높은 진입장벽은 모빌리티 산업으로 확대되면서 서서히 무너지기 시작하였다.

물론 자동차 시장에서와 마찬가지로 모빌리티 시장에서도 반도체의 스펙적인 요구조건은 높겠지만 모든 반도체가 그런 건 아니며 사용되는 반도체의 종류도 다양해진다.

어떤 면에서 보면 대규모의 IDM 기업이나 팹리스 기업이 전문 차량용 반도체 기업보다 경쟁력을 갖추기가 더 수월해질 수 있다. 특히 첨단 분야에선 보다 경쟁력이 있는 반도체를 만들 수 있게 된다. 따라서 새롭게 모빌리티 시장에 진입하는 기업이더라도 절대적으로 불리하다고만 볼 수 없다.

나아가 모빌리티가 발전하면 할수록 AI 반도체와 같은 고성능 반도체의 수요도 커지게 된다. 모빌리티 스스로가 모든 거를 알아서 처리하게 되기 때문이다. 아울러 모빌리티에서 이동은 기본적인 조건이 될 뿐이며 그보다 중요한 것은 내부에서의 활동이다. 이런 내부에서의 활동을 만족시켜 줄 수 있는 디바이스에도 고성능의 반도체가 더욱 필요해진다. 더욱이 모빌리티 내부에서 다양한 서비스를 효율적이고 효과적으로 받기 위해서라도 고성능 반도체가 필요해질 수밖에 없다. 나아가 모빌리티는 기본적으로 자율주행이기 때문에 반도체의 성능이 무엇보다 중요하다.

뿐만 아니라 첨단 공정에서 제조되는 반도체의 수량도 늘어나게 되어 시장규모가 더욱 커지게 된다. 이렇게 되면 앞으로 모빌리티는 반도체 산업을 이끌어 나아갈 수 있는 주요 시장이 될 거로 예상된다.

③ 모빌리티 산업에서 반도체 시장의 전망

자율주행차에 반도체는 핵심일 뿐만 아니라 반도체는 자율주행차에 사용되는 부품 중에서도 가장 많은 편이다. 그리고 반도체가 쓰이는 시장 중에서 자동차 시장보다 큰 시장이 모빌리티 시장이다. 자동차보다 모빌리티의 종류가 많을 뿐만 아니라 모빌리티와 연관된 시설에서 사용되는 디바이스도 많기 때문이다.

나아가 자동차보다 UAM과 PBV와 같은 모빌리티가 더 많은 첨단기능을 내부에 장착할 거로 본다. 이에 따라 자동차보다 모빌리티가 반도체를 더 많이 사용할 수밖에 없다. 뿐만 아니라 모빌리티의 종류는 UAM과 PBV 이외에도 매우 많기 때문에 반도체가 사용되는 총량과 금액도 많을 거로 보인다. 더욱이 모빌리티와 연관된 버티포트(UAM 이착륙장)와 허브와 같은 곳에 쓰이는 반도체를 포함하면 모빌리티 산업에 쓰이는 반도체의 수량은 상상 외로 많다고 볼 수 있다.

기본적으로 차량에 쓰이는 반도체는 모빌리티에도 대부분 동일하게 쓰인다. 하지만 각 모빌리티마다 특징이 다르기 때문에 사용되는 반도체의 종류는 달라질 거로 예상된다. 특히 지상을 다니는 모빌리티와 하늘을 나는 모빌리티는 운행하는 방식이 다르기 때문에 쓰이는 반도체도 달라질 수밖에 없다. 나아가 사람을 태우는 모빌리티냐, 아니면 물건을 실어나르는 모빌리티냐에 따라서도 쓰이는 반도체가 달라진다.

특히 모빌리티는 자율주행이 기본이기 때문에 반도체가 많이 쓰일 수밖에 없는 구조이다. 그리고 사람이 타게 되는 모빌리티엔 이동의 목적 이외에 내부에서의 활동도 중요하다. 따라서 이런 활동을 지원하기 위해 다양한 디바이스가 필요해짐에 따라 반도체의 사용도 늘어나게 된다. 뿐만 아니라 모빌리티의 발전에 따라 고성능 반도체의 수요도 크게 늘어나게 된다. 순수하게 이동목적을 위해 사용되는 반도체를 제외하면 대부분 고성능의 반도체가 필요해질 거로 보인다. 특히 모빌리티 산업의 발전엔 반도체의 역할이 중요하다. 반도체의 성능이 좋아질수록 모빌리티 산업도 성장하게 된다.

모빌리티 기업도 반도체를 더욱 내재화할 가능성이 크다. 반도체를 안정적으로 확보할 수 있어야만 모빌리티도 안정적으로 생산할 수 있기 때문이다. 차량용 반도체의 부족사태로 많은 기업이 반도체의 중요성을 깨닫게 된 만큼 모빌리티 기업도 어떻게 해서든 안정적으로 반도체를 확보하려 들게 된다.

나아가 사람을 태우는 모빌리티뿐만 아니라 물건을 실어 나르는 모빌리티 시장도 크게 성장하고 있다. 특히 코로나 19로 인해 비대면이 확산되면서 더욱 크게 성장하고 있다. 많은 모빌리티 기업과 물류(유통) 기업뿐만 아니라 IT 기업들도 시장에 뛰어드는 중이다. 앞으로 이커머스 시장은 더욱 성장할 거로 예상되기 때문에 물류비를 아끼는 건 기업들로선 무엇보다 중요한 과제이다.

〈그림 9〉 국내 이커머스 시장 성장추이   단위: 원

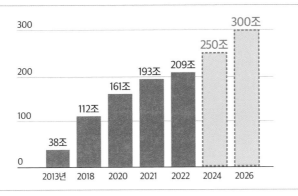

자료: 통계청, JP모건

〈그림 10〉 전 세계 이커머스 리테일 시장 규모, 2020~2025년

(단위: 조 달러, %: 전체 리테일 시장에서의 비중)

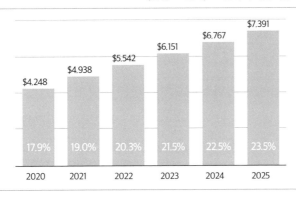

자료: 이마케터, Global Ecommerce Forcast 2022

    따라서 많은 기업이 사람을 대신할 수 있는 로봇과 드론과 같은 모빌리티를 통해 고객에게 물건을 전달함으로써 물류비를 감소시키는 거에 관심이 크다. 아마존(Amazon)의 경우 연간 900억 달러 이상

의 물류비용을 사용하고 있으며 물류비 중에서 가장 높게 차지하고 있는 게 인건비이다. 로봇과 드론은 사람을 대신할 수 있기 때문에 로봇과 드론을 사용하면 물류비용이 감소하는 건 당연하다. 이에 따라 앞으로 기업들은 로봇과 드론을 통해 물류비를 절감하려 할 거기 때문에 로봇과 드론을 더 많이 사용하게 될 거로 본다. 물론 여기에 들어가는 반도체의 양도 무시하지 못할 정도로 늘어나게 된다.

우선 로봇 시장은 크게 서비스용과 산업용으로 나눌 수 있으며 아직까지는 산업용에 쓰이는 로봇의 시장이 크다. 하지만 최근 삼성전자, 현대자동차와 LG전자와 같은 대기업들이 서비스 로봇 시장에 본격적으로 뛰어들면서 시장이 급속하게 성장하고 있다. 아울러 산업용 로봇은 주로 제조공장에서 사용되기 때문에 모빌리티로 보기는 어려운 점이 있지만 장소를 이동하는 서비스 로봇은 모빌리티로 볼 수 있다. 보스턴컨설팅 그룹(Boston Consulting Group)이 조사한 자료에 따르면 2030년 서비스 로봇의 시장은 최대 1,700억 달러 규모로 커질 거로 예상하고 있으며 산업용 로봇의 시장과 비교하면 최대 2배 이상 될 거로 보고 있다. 따라서 앞으로 서비스 로봇 시장이 본격적으로 성장하는 만큼 사용되는 반도체의 수요도 급증할 수밖에 없는 상황이다. 특히 서비스 로봇은 실내에서 뿐만 아니라 실외에서도 다양한 용도로 사용될 수 있다. 그리고 산업용 로봇 중에서 자율주행로봇 카트도 모빌리티로 볼 수 있으며 이미 공장과 창고 등에서 많이 사용되고 있다.

나아가 서비스 로봇은 고객의 니즈에 따라 다양하게 개발될 수 있다. 특히 고객의 니즈가 다양하게 진화하면서 서비스 로봇의 종류도 매우 다양해질 거로 전망하고 있다.

뿐만 아니라 미래엔 많은 기업이 다양한 로봇을 개발하게 될 거로 본다. 예를 들면 안내 로봇, 전투 로봇과 소방점검 로봇 등이다. 이 외에도 다양한 용도에 맞추어 많은 로봇이 개발될 거로 예상할 수 있다. 이게 바로 로봇에 쓰이는 반도체의 수요가 더욱 늘어날 수밖에 없는 이유가 된다.

그럼 로봇과 드론엔 어떤 반도체가 주로 쓰일까?

로봇을 동작시키는 메커니즘엔 3가지가 있다. 그건 바로 인지, 판단과 구동이다. 인지부문엔 시각, 청각, 후각, 촉각, 속도, 거리감지와 위치감지 등을 하기 위한 각종 센서가 필요하며 판단부문엔 로봇 제어용 SoC(System on Chip)가 필요하다.

드론엔 다양한 반도체가 사용되지만 특히 각종 센서와 전원 IC 등이 많이 사용된다. 센서엔 자이로센서, 적외선센서, 영상센서 그리고 레이더와 라이다 센서 등과 같이 다양한 종류가 있다. 먼저, 자이로센서는 각속도를 측정하기 위해 필요하며 적외선센서는 화재현장에서 온도를 측정하거나 사람을 찾아 구조하기 위해 필요하다. 그리고 카메라엔 영상센서가 들어가게 되며 이 센서는 사진과 영상 촬영을 위해 필요하다. 나아가 레이더와 라이다센서는 드론에도 쓰이는 데 이는 자율주행차에 쓰이는 이유와 마찬가지이다. 드론용 전원 IC는 드론에 내려진 동작 명령에 따라 필요한 전력을 프로펠러(Propeller)에 공급할 뿐만 아니라 드론의 CPU에서 보내는 신호를 인식해 각 모터가 동작하도록 하는 역할도 담당한다. 특히 4개에서 8개까지 프로펠러를 달고 날아다니는 드론은 각 모터가 균형적으로 동작해야 안정적인 비행을 할 수 있다. 그리고 바람, 눈과 비 등 악천후에도 안정성을 확보하면서 일정 속도를 유지해야만 한다. 이와 같은 세밀한 동작이 가능하려면 필요한 만큼의 전력을 정확히 공급할 수 있는 높은 기술 수준의 전원 IC가 필요하다.10)

10) 노경목, "DB하이텍 최대 드론업체도 우리 반도체 없으면 못 날아" 한경닷컴 2018년 3월 26일 (https://www.hankyung.com/economy/article/2018032562041)

05 ▷ 반도체 기업들의 모빌리티 시장 진입

지금도 많은 반도체 기업이 지속적으로 차량용 반도체 시장에 진입하고 있다. 이미 자동차 산업과 모빌리티 산업의 구분이 모호해진 만큼 반도체 기업들은 차량용 반도체를 넘어서 모빌리티용 반도체 시장까지 넘보고 있다. 지금 자동차는 자율주행으로 서서히 바뀌고 있기 때문에 자율주행 기술은 당연히 모빌리티까지 확대될 수밖에 없는 상황이라 볼 수 있다. 따라서 현재 차량용 반도체 시장에 뛰어든 기업들은 모빌리티 시장에 이미 진입하고 있다고 볼 수 있다.

특히 앞으로 글로벌 반도체 기업들은 모빌리티 시장에 진입하지 않고선 성장조차 어려울 거로 보인다. 지금 차량용 반도체 시장이 급속하게 커지고 있지만 이에 못지않게 모빌리티 시장도 커지고 있는 상황이다. 따라서 규모가 어느 정도 있는 글로벌 반도체 기업들은 대부분 모빌리티 시장에 진입하고 있다. 이는 IDM 기업뿐만 아니라 팹리스, 파운드리와 OSAT 기업과 같이 전문화된 반도체 기업들도 마찬가지이다. 아울러 자동차가 모빌리티로 전환되면서 나타난 특징 중 하나는 기업 간 경쟁이 모호해지고 있다는 점이다. 다시 말하면 어느 기업이 경쟁 기업이고 어느 기업이 경쟁 기업이 아닌지 구분이 어렵다. 이미 많은 기업이 모빌리티 시장에 뛰어들었을 뿐만 아니라 모빌리티와 관련이 적은 기업도 언제든지 모빌리티 시장에 뛰어들 수 있다.

이와 같은 상황은 반도체 시장도 마찬가지이다. 더 이상 반도체 기업만 모빌리티용 반도체를 만들지 않는다. 반도체 산업도 급변하고 있는 것이다. 빅테크 기업, 모빌리티 기업, 전자 기업과 자동차 부품 기업 모두 자체적으로 반도체를 설계한 후 대부분 파운드리 기업에 위탁하여 생산하고 있다.

한편 지금 차량용 반도체는 아직도 부족한 상태이기 때문에 기업들이 자동차를 제대로 제조하지 못하는 상황이고 앞으로도 상당 기간 이런 상황이 지속될 거로 본다. 이런 결과로 인해 차량용 반도체를 만드는 기업들은 대체로 원하는 수준까지 가격을 높게 받을 수 있는 상황이다. 이러다 보니 더욱 많은 반도체 기업이 시장에 뛰어들고 있다. 특히 미래엔 모빌리티 시장으로 확대되어 시장이 더욱 커질 거로 보이니 뛰어들지 않을 이유가 없는 듯하다.

나아가 현재 차량에 쓰이는 반도체는 대부분 모빌리티에도 그대로 사용될 수 있기 때문에 차량용 반도체를 만드는 기업이 모빌리티 시장에 진입하기 위해 특별히 준비해야만 할 거도 그리 많지 않을 거로 여겨진다. 이에 따라 차량용 반도체를 만드는 기업들에 모빌리티 시장은 큰 기회이다. 물론 자동차와 모빌리티 모두 자율주행과 첨단 기능으로 진화하고 있기 때문에 자율주행, V2X와 인포테인먼트 등에 필요한 반도체는 지속적으로 개발해야만 한다.

모빌리티로의 전환에 따라 사업도 이동 비즈니스에서 공간 비즈니스로 발전하고 있다. 이런 이유로 모빌리티 내에서 어떤 서비스를 제공하느냐에 따라 사용되는 반도체의 종류뿐만 아니라 수량도 크게 차이가 날 거로 본다. 아울러 모빌리티 기업들은 모빌리티 내에서 이동하는 동안 사람들의 지루함을 달래는 활동을 지원하기 위해 분명 다양한 서비스를 제공해야만 한다.

앞으로 반도체 기업들은 어떤 식으로든 모빌리티와 연결될 수밖에 없다. 모빌리티가 단순한 이동만을 의미하지 않기 때문이다. 앞으로 모빌리티 산업은 다양한 산업을 이어주는 비즈니스로 성장할 거로 보일 뿐만 아니라 다양한 산업과도 융합될 거로 보인다.

결과적으로 모빌리티용 반도체 시장을 먼저 선점하는 기업이 반도체 시장을 주도해 나아갈 수 있을 거로 예상된다. 앞으로 모빌리티 시장에서 반도체 기업들의 역할이 기대가 된다.

① IDM 기업
(Integrated Device Manufacturer)

IDM 기업은 반도체를 설계, 제조와 패키징까지 모두 진행하고 있는 기업을 말한다. IDM 기업은 주로 2가지 형태로 나뉠 수 있다. 첫째, 주로 메모리반도체를 취급하고 있는 기업이다. 일반적으로 메모리반도체는 설계, 제조와 패키징으로 나누어 진행하는 거를 비효율적으로 보고 있다. 메모리반도체는 시스템반도체와 비교해 기술적 난이도가 낮은 편이기에 한 기업에서 모두 진행하는 게 보다 효율적이기 때문이다. 둘째, 아날로그반도체를 취급하고 있는 기업이다. 아날로그반도체도 다른 시스템반도체와 비교해 첨단공정이 아니기에 한 기업에서 모두 진행하는 게 보다 효율적이기 때문이다(물론 경우에 따라 파운드리 기업에 위탁하여 생산하기도 한다). 예외적으로 인텔의 경우 첨단공정의 시스템반도체인 CPU에 대해 자체적으로 설계, 제조와 패키징을 모두 진행하고 있다(이와 같은 첨단공정에서의 미세화로 인해 한때 인텔은 14nm 공정에서 5년간 머무른 적이 있었다. 이는 첨단공정의 미세화를 진행하면서 제조를 동시에 진행하는 게 얼마나 어려운 일인지를 보여 주는 사례이다).

나아가 IDM 기업은 일반적으로 설계, 제조와 패키징을 모두 진행하므로 팹리스, 파운드리와 OSAT 기업과 같은 전문 반도체 기업보다 규모가 큰 경우가 많고 삼성전자와 인텔처럼 파운드리 사업을 동시에 진행하는 경우도 있다.

뿐만 아니라 IDM 기업은 대부분 차량용 반도체 사업을 진행하고 있다. 차량용 반도체가 모빌리티에도 적용이 확대됨에 따라 시장이 크게 성장하고 있기 때문이다. 특히 전자의 IDM 기업은 ADAS와 인포테인먼트에 들어가는 메모리반도체가 주요 제품이다. 그리고 후자의 IDM 기업은 차량의 각 부분을 통제하는 MCU가 주요 제품이다(물론 전력 IC, 센서 IC, 드라이버 IC 등의 반도체도 많이 제조하고 있다). 자율주행차와 모빌리티의 발전에 따라 메모리반도체와 MCU 모두 시장규모가 눈에 띄게 성장세를 나타내고 있는 상황이다.

(1) 삼성전자(Samsung Electronics)

삼성전자가 차량용 반도체 사업에 본격적으로 뛰어든 건 그리 오래되지 않았다. 과거엔 차량용 반도체 시장이 그리 크지 않았기 때문에 삼성전자는 그리 관심을 두지 않았다. 하지만 자율주행차로의 점차적인 발전에 따라 차량용 반도체 시장이 커지기 시작하면서 이젠 모빌리티용 반도체 시장으로 확대되었다. 이에 따라 최근 삼성전자는 차량용 반도체 시장을 주요사업으로 정하고 본격적으로 진입하였다. 삼성전자가 차량용 반도체 사업을 확대하게 된 건 커넥티드카 오디오 부품 기업인 하만(HARMAN)을 2017년에 인수한 게 계기가 되었다고 볼 수 있다. 삼성전자가 계속해서 NXP 반도체와 인피니언 테크놀로지스 등의 차량용 반도체 기업을 M&A하는 거에 관심을 갖고 있는 것도 하만과의 시너지가 클 거라 보고 있기 때문이다.

특히 삼성전자는 2019년 '반도체 비전 2030'을 발표하였다. 이 비전의 주요 내용은 2030년까지 시스템반도체 사업으로 리딩 반도체 기업으로 나아가겠다는 것이다. 물론 파운드리 사업이 시스템반도체의 메인 사업이지만 파운드리 사업만으로는 뭔가 부족한 느낌이다. 삼성전자로선 시스템LSI 사업도 강화를 해야만 하는 입장이었다. 이를 위해 삼성전자는 시스템LSI 분야에서도 2030년까지 시장점유율을 10%로 끌어올리겠다는 계획을 가지고 있다. 따라서 이런 비전을 달성하기 위해 앞으로 차량용 반도체 사업이 주요사업이 될 수밖에 없는 상황이다. 만약 앞으로 삼성전자가 차량용 반도체 기업을 인수하게 된다면 삼성전자의 차량용 반도체 사업은 더욱 날개를 달게 될 거로 예상된다.

한편 삼성전자의 차량용 반도체 사업은 주로 시스템LSI 사업부에서 진행하고 있다. 삼성전자는 2017년부터 본격적으로 제품을 출시하기 시작하였으며 주요 아이템은 프로세서, 통신 반도체와 전원관리 반도체 등이다. 최근 자동차를 이용하면서 다양한 콘텐츠를 즐기는 사람들이 늘고 있다. 이에 따라 고성능 프로세서와 초고속 통신 칩의 수요는 증가추세에 있다. 나아가 차량에 들어가는 다양한 부품의 증가에 따라 차량 내 전력을 효율적으로 관리하는 전력반도체의 역할이 중요해지고 있다.

삼성전자는 2017년 독일 완성차 브랜드인 아우디에 차량용 프로세서인 엑시노스 오토 8890(Exynos Auto 8890)을 납품하기 시작하고 다른 칩들도 차량에 탑재되면서 사업이 커지기 시작하였다. 나아가 삼성전자는 이미지센서(Image Sensor)의 타깃 시장도 기존의 휴대폰용에서 차량용으로 넓히고 비즈니스를 더욱 강화하고 있다. 이에 따라 삼성전자는 아이소셀 오토(ISOCELL Auto)란 칩을 출시하였다. 이를 통해 삼성전자는 이미지센서도 소니를 따라잡고 1위로 앞서 나아가겠다는 계획을 세우고 있다.

나아가 삼성전자는 자동차에 들어가는 메모리반도체도 사업을 강화하고 있다. 삼성전자가 출시하고 있는 주요 제품은 AUTO SSD, GDDR6, UFS(Universal Flash Storage)와 DDR4 등이다.

최근 자율주행 시스템이 고도화되고 있을 뿐만 아니라 고해상도 지도, 동영상 스트리밍과 고사양 게임 등이 보편화되고 있다. 이와 같이 차량 내 인포테인먼트 시스템이 발전하면서 고용량, 고성능 메모리 반도체에 대한 수요도 계속해서 증가추세에 있다. 뿐만 아니라 자동차가 자율주행차로 서서히 발전되면서 자율주행의 기능을 돕는 ADAS도 고도화되고 있다. 이에 맞추어 데이터를 효율적으로 저장하기 위해 고성능 메모리반도체도 사용될 수밖에 없다. ADAS용 메모리반도체 시장은 매년 27%씩 성장이 예상되고 있으며 2028년이 되면 16억 6천 5백만 달러 규모의 시장이 형성될 전망이다.

〈그림 11〉 ADAS용 메모리반도체 시장의 규모 전망

단위: 백만 달러

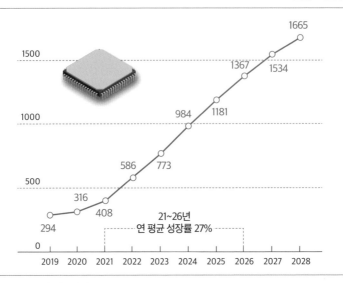

자료: 스트래티지 애널리틱스

　삼성전자는 메모리반도체 제품도 아우디와 BMW 등 주요 완성
차 기업에 납품하고 있으며 앞으로도 다양한 메모리반도체가 차량에
탑재될 예정이다.

　나아가 삼성전자는 파운드리 사업에서도 차량용 반도체의 수주를
확대할 거로 본다. 이미 테슬라의 칩은 삼성 파운드리에서 위탁하여
생산하고 있다. 과거에는 14nm 공정의 칩이었지만 최근에는 인포테
인먼트에 들어가는 5nm 공정의 칩도 진행하고 있는 거로 알려지고
있다. 나아가 작년 차량용 반도체 기업인 텔레칩스가 독자적으로 개
발한 MCU를 출시하였는데 삼성 파운드리가 위탁받아 생산하였다.
이 칩은 32nm 공정으로 만든 칩으로 현대자동차용으로 만든 칩이다.

앞으로 삼성전자는 차량에 들어가는 다양한 반도체를 보다 많은 고객에 제공할 수 있을 거로 예상된다. 나아가 삼성전자는 자동차에서 모빌리티 시장으로 반도체 사업을 확장할 전망이다. 이를 위해 현대자동차와도 협력관계를 계속해서 유지할 거로 보인다. 특히 현대자동차가 모빌리티 기업으로 전환한 이상 삼성전자도 모빌리티용 반도체로 사업을 더욱 확대할 거로 보인다.

(2) 인텔(Intel)

인텔은 최근에 들어와서야 비로소 차량용 반도체 사업에 뛰어들었다. 물론 자회사인 모빌아이를 통해서 차량용 반도체 사업을 이미 진행하고 있지만 파운드리 사업을 시작하면서 본격적으로 시작하였다고 볼 수 있다. 특히 인텔은 파운드리 사업에서 차량용 반도체 비즈니스를 위해 별도의 전담조직을 만들었다. 나아가 인텔은 자율주행, 통신·센서와 전력 칩 등 3가지 종류의 반도체에 대한 생산에 집중할 예정이다.

인텔이 차량용 반도체를 생산하겠다고 밝힌 주요 이유는 최근 완성차 기업들이 앞다투어 파운드리 기업과 파트너십을 맺는 거를 보면서 사업의 성장 가능성을 크게 보고 있기 때문이다. 그만큼 앞으로 차량용 반도체의 수요가 더욱 많아질 거란 전망이다.

인텔은 얼마 전 이스라엘의 파운드리 기업인 타워 세미컨덕터(Tower Semiconductor)를 54억 달러에 인수하기도 하였다. 타워 세미컨덕터는 전 세계 파운드리 순위 10위 내에 드는 기업이다. 타워 세미컨덕터는 주로 8인치 웨이퍼를 중심으로 차량용 반도체를 공급하면서 22nm 공정까지 진행하고 있다. 특히 자동차용 무선주파수(RF), 센서, 전력반도체와 이미지센서 등 다양한 차량용 반도체를 생산하고 있다. 인텔은 타워 세미컨덕터의 인수에 따라 차량용 반도체에 대한 위탁제조의 노하우를 얻게 되었을 뿐만 아니라 차량용 반도체를 직접 생산할 수 있게 되었다. 나아가 인텔은 2022년 초 독일 마그데부르크에 약 23조 원을 투자해 파운드리 팹을 건설하겠다고 발표하였다. 이 파운드리 팹은 2027년도부터 본격적으로 양산에 들어갈 예정이다.

〈그림 12〉 인텔 독일 마그데부르크의 반도체 생산 시설 조감도

자료: 회사 자료

인텔이 독일에 파운드리 팹을 건설하기로 한 거는 유럽에서 많은 보조금 지원의 약속과 아시아에 집중되어 있는 차량용 반도체의 생산에 대한 공급망 리스크를 크게 줄일 수 있기 때문이다. 특히 유럽엔 인피니언 테크놀로지스를 비롯한 NXP 반도체와 ST 마이크로 등의 주요 차량용 반도체 기업들이 포진해 있기 때문에 여러모로 인텔에 유리할 수밖에 없다. 더욱이 인텔은 TSMC와 삼성전자에 비해 차량용 반도체를 만드는 고객들을 확보하기 유리한 입장이 되었다.

인텔의 독일 파운드리 팹은 EUV 공정을 활용한 고성능의 차량용 반도체를 제조할 수 있는 능력을 갖출 거로 보인다. 앞으로 자율주행차에 들어가는 고성능 반도체의 수요가 커짐에 따라 독일은 장기적으로 인텔의 차량용 반도체 사업을 위한 주요 거점이 될 가능성이 높다. 특히 인텔은 유럽에 차량용 반도체의 생산시설을 두게 됨에 따라 차세대 극자외선(High-NA EUV) 노광 장비를 만드는 ASML로부터 빠른 시간 내 새로운 장비를 들여올 수 있기 때문에 파운드리 팹의 가동에 걸리는 시간을 최소화할 수 있다.

나아가 인텔은 프랑스에 R&D센터와 파운드리 디자인센터를 세우기로 하였다. 뿐만 아니라 인텔은 이탈리아에 약 6조 2천억 원을 투자하여 OSAT 시설을 건설할 예정이며, 아일랜드엔 약 16조 4천억 원을 투자하여 생산시설을 2배로 늘리기로 하였다.

인텔 최고경영자(CEO)인 팻 겔싱어(Pat Gelsinger)는 인텔의 유럽에 대한 투자는 스페인에서 폴란드까지 전체에 걸쳐 이뤄질 거라고 밝히기도 하였다.

인텔은 4년 전 파운드리 사업을 포기한 적이 있다. 이런 이유로 파운드리 사업의 재진출을 선언한 이상 파운드리 시장에서 3강(TSMC, 삼성전자, 인텔) 체재로 만들려면 단기간 내 빠른 시장점유율의 확보가 필요한 상황이다. 하지만 인텔은 경쟁 기업 대비 7nm 이하 첨단공정 기술력이 크게 뒤처져 있는 상태이다. 이를 만회할 수 있는 부분이 바로 차량용 반도체이다. 차량용 반도체는 아직도 첨단공정이 그리 필요하지 않기 때문이다.

한편 인텔은 2017년 모빌아이를 약 150억 달러를 주고 인수하였으며 모빌아이에서도 차량용 반도체를 생산하고 있다. 모빌아이는 ADAS 분야의 리더로서 인텔이 파운드리 사업을 재개함에 따라 서로 시너지를 낼 수 있을 거로 본다. 모빌아이는 25개 이상의 완성차 기업에 약 6천만 대의 차량에 ADAS를 납품하는 첨단 자동차 솔루션 기업이다. 모빌아이의 자율주행용 반도체인 아이큐 울트라(EyeQ Ultra)는 2023년 출시예정이며 5nm의 공정으로 생산될 거로 예상된다. 특히 인텔은 모빌아이가 급성장하고 있기 때문에 주식시장에 상장을 준비하고 있는 거로 알려지고 있다.

뿐만 아니라 인텔은 2020년 서비스형 모빌리티 솔루션 기업인 무빗(Moovit)을 9억 달러에 인수하였다. 무빗은 이스라엘 기업으로 2012년 설립되었으며 대중교통, 자전거, 스쿠터 서비스, 호출 서비스와 카셰어링 등을 결합한 복합 이동 서비스를 제공하는 기업이다. 인텔은 무빗을 인수함으로써 모빌아이와 함께 로보택시 서비스를 하려는 계획을 가지고 있다. 이를 통해 인텔은 반도체를 포함한 완전한 모빌리티 기업으로 변화하려는 움직임을 보이고 있다. 따라서 차량용 반도체는 인텔로서 매우 중요한 사업이다. 모빌리티에서 반도체가 매우 중요한 역할을 하게 될 거기 때문이다.

(3) SK 하이닉스(SK Hynix)

SK 하이닉스는 메모리반도체를 위주로 생산하는 기업이기 때문에 차량용 반도체 사업의 규모는 아직까지 그리 크지 않은 편이다. 하지만 자율주행과 각종 전자장비가 장착되는 자율주행차엔 고성능, 고용량 DRAM과 낸드플래시가 필수적으로 사용될 수밖에 없다. 자율주행 단계가 높아지면서 기능이 고도화되고 네트워크 연결도 많아지기 때문에 처리해야 할 데이터가 증가해 반도체도 늘어나게 된다.

이에 따라 최근 SK 하이닉스도 차량용 반도체 사업을 강화하고 있는 상황이다. SK 하이닉스는 미래의 차량용 반도체 시장의 성장 가능성에 많은 기대를 가지고 차량용 메모리반도체 시장을 공략하고 있다. 특히 SK 하이닉스는 2016년 오토모티브 전략팀을 새롭게 조직하였을 뿐만 아니라 2019년부터 개발 제조의 총괄에 담당 임원을 배치하였다.

뿐만 아니라 SK 하이닉스는 2021년 자동차용 반도체 제품의 기능안전 국제표준인 ISO 26262: 2018 FSM(Functional Safety Management) 인증을 획득하였다. SK 하이닉스가 FSM 인증을 받은 제품은 8Gb LPDDR5이다. LPDDR5는 자율주행과 ADAS에 필수적인 고용량·고성능·저전력 메모리반도체로 주목받고 있다. 아울러 SK 하이닉스는 향후 자동차용 메모리반도체 제품군에 UFS와 HBM (High Bandwidth Memory) 등을 확대하여 해당 시장에서의 위상을 높여 간다는 방침이다.[11]

나아가 시스템반도체 분야에서 SK 하이닉스는 차량용 이미지센서 시장의 성장에 발맞추어 적극적으로 대응해 나아가고 있다. 앞으로 SK 하이닉스는 차량용 이미지센서 시장에서 시장점유율을 크게 높일 수 있을 거로 기대하고 있다. 특히 SK 하이닉스는 D램 공정에 활용하던 기술을 이미지센서 공정에 활용할 수 있으며 D램 생산라인을 이미지센서 생산라인으로도 전환이 가능하다. 이를 통해 자율주행차로의 발전에 따라 늘어나는 이미지센서 수요에 유연한 대응이 가능하다.

한편 SK 하이닉스는 미래 자율주행 시대에 대비하기 위해 몇 년 전 SK 차이나와 같이 중국의 차량용 AI 반도체 기업인 호라이즌로보틱스(Horizon Robotics)란 기업에 6억 달러(약 6,800억 원)를 투자하였다. 호라이즌로보틱스는 자율주행 플랫폼에 강점을 가지고 있는 기업이며 중국 최대 포털인 바이두에서 딥러닝 담당 임원을 지낸 위카이 최고경영자(CEO)가 2015년 공동으로 설립하였다. 그리고 AI 반도체는 자율주행에 있어 핵심이다. 자동차는 모든 운행을 알아서 스

---

11) SK 하이닉스 홈페이지, "SK하이닉스, 자동차용 메모리 반도체 기능안전 국제표준 ISO 26262: 2018 FSM 인증" 2021년 11월 12일 (https://news.skhynix.co.kr/post/certification-of-iso-26262-2018-fsm)

스로 진행해야만 하기 때문이다.

SK 하이닉스의 차량용 메모리반도체 실적도 조금씩 개선되고 있다. 최근 독일 완성차 기업인 보쉬와 10년 이상 장기계약을 한 거로 전해지고 있다. 보쉬는 기존 유통망을 통해 반도체의 공급을 받기 어려워지자 직접 SK 하이닉스를 접촉한 거로 보인다. SK 하이닉스는 보쉬와의 장기계약을 바탕으로 다른 완성차 기업으로도 차량용 반도체의 공급을 확대할 수 있을 거로 본다.

뿐만 아니라 SK 하이닉스에서 분사한 자회사인 SK 하이닉스 시스템IC는 8인치 전문 파운드리 기업이다. 8인치의 특성상 기본적으로 차량용 반도체의 생산이 많을 수밖에 없다. 특히 차량용 반도체의 쇼티지가 지속됨에 따라 매출이 꾸준하게 늘고 있다. 나아가 최근 SK 하이닉스는 8인치 파운드리 전문기업인 키파운드리(KEY FOUNDRY)의 인수를 마무리하게 되면서 앞으로 차량용 반도체의 생산을 늘릴 수 있게 되었다. 특히 키파운드리는 그동안 축적해온 기술로 차량용 반도체 제품의 생산비중을 지속해서 늘려갈 방침인 거로 알려지고 있다. 더욱이 장기적인 측면에서 보면 차량용 반도체의 수요는 늘어날 수밖에 없기 때문에 파운드리 수요도 증가할 전망이다. 이에 따라 SK 하이닉스의 파운드리 사업도 전망이 밝을 거로 예상된다.

SK 하이닉스는 나름대로 모빌리티에 대한 대비도 진행하고 있다. 특히 SK 하이닉스는 CES(세계가전전시회, International Consumer Electronics Show)에서 모빌리티용 메모리반도체를 소개한 적도 있다.

최근 SK 하이닉스가 인수를 마무리한 인텔의 낸드플래시 사업부문도 모빌리티의 경쟁력을 강화하기 위한 전략으로 보인다. 낸드플래시는 자율주행차에 필수적으로 탑재될 뿐만 아니라 자율주행차는 주변차량, 신호체계와 도로상황 등의 데이터를 관제센터와 실시간으로 교환하게 된다. 이에 따라 데이터가 폭발적으로 증가하게 될 전망이기 때문에 데이터를 수용할 수 있는 낸드플래시의 수요도 크게 늘어날 수밖에 없는 상황이다.

(4) 마이크론 테크놀로지(Micron Technology)

마이크론 테크놀로지는 1978년 미국에서 설립되었다. 현재 미국 북서지역인 아이다호주에 본사를 두고 있다. 주로 DRAM과 낸드플래시를 개발, 제조하고 판매하는 메모리반도체 순위 3위의 IDM 기업이다.

마이크론은 차량용 메모리반도체 시장에서 삼성전자와 SK하이닉스를 크게 앞서고 있다. 시장조사기관인 더 인포메이션 네트워크(The Information Network)의 연구결과에 따르면 마이크론은 2021년 기준으로 차량용 메모리반도체 시장점유율이 55% 정도에 이르는 거로 나타나고 있다.

이와 같이 마이크론의 시장점유율이 높은 이유는 국내 메모리반도체 기업들과 달리 B2B 거래에 중점을 두고 있기 때문인 거로 밝혀지고 있다. 특히 과거 국내 메모리반도체 기업들은 차량용 반도체가 수지타산이 맞지 않는다며 소홀하게 여겼지만 마이크론은 차량용 반도체를 틈새시장으로 생각하고 지속적으로 공략한 게 효과를 보았다.

나아가 마이크론은 미래의 자동차를 바퀴가 달린 데이터센터가 될 거로 보고 있다. 앞으로 메모리반도체의 수요가 더욱 늘어날 거로 보는 것이다. 더욱이 마이크론은 5년 전부터 차량용 반도체 수요의 증가에 대비하여 12년간 30억 달러 규모의 시설 투자를 진행하기로 결정하였다. 이 투자는 주로 버지니아주 매나사스에 있는 차량용 메모리반도체를 만드는 팹의 확장에 사용되고 있다. 앞으로도 마이크론은 차량용 메모리반도체 사업을 더욱 확대할 방침으로 전해지고 있다.

마이크론은 다양한 사업부가 있지만 EBU(Embedded Business Unit) 사업부 내에서 차량용 메모리반도체를 취급하고 있다. 마이크론의 차량용 메모리반도체는 내장형 인포테인먼트와 ADAS에 주로 쓰이며 최근 여기에 들어가는 메모리반도체의 수요가 가파르게 증가하고 있다. 자율주행차 레벨 3의 일부 차량에서 고용량의 140기가바이트 DRAM과 1테라바이트 낸드플래시가 쓰이고 있다.

특히 최근 마이크론은 75%의 고객과 장기계약으로 판매를 진행하고 있는 거로 알려져 있다. 이를 통해 마이크론의 차량용 메모리반도체에 대한 입지가 매우 강하다는 거를 알 수 있다. 이 사업모델은 바로 선가격 책정계약(Forward Pricing Agreement)이다. 이는 일정한 가격을 미리 정하고 난 후 장기계약을 한 고객에 계약기간 동안 같은 가격에 반도체를 판매하는 것이다.

이를 통해 마이크론은 매출총이익의 변동폭을 안정적으로 유지할 수 있게 되었다. 특히 앞으로 마이크론은 메모리반도체에 주기적으로 찾아오는 불황에 의한 심각한 실적하락의 영향을 크게 받지 않을 거로 보인다.

한편 마이크론은 자동차에서 안전과 보안이 무엇보다 중요하다고 생각하고 있기 때문에 발생될 가능성이 있는 문제에 적절한 대응을 할 수 있는 전문 엔지니어들을 배치하고 있다. 나아가 ISO 26262 표준과 같은 자동차 안전을 위한 산업표준뿐만 아니라 자동차의 사이버 보안에 해당하는 ISO 21434 표준도 이미 취득하였다.

최근 마이크론은 업계에서 처음으로 자동차의 기능적 안전에 적합한 저전력 DDR5 DRAM(LPDDR5)을 출시하였다. 이 솔루션은 적응형순항제어(Adaptive Cruise Control, ACC), 자동긴급제동시스템(Automatic Emergency Braking, AEB), 차선이탈경고(Lane Departure Warning, LDW)와 사각지대 감지 시스템을 포함한 ADAS 애플리케이션에서 요구하는 메모리반도체의 요구사항을 만족한다. 마이크론의 LPDDR5는 고성능, 우수한 전력효율과 낮은 대기시간을 제공해 차세대 자동차 시스템의 증가하는 대역폭 요구에 필요한 성능을 제공한다.[12]

---

12) 윤범진, "마이크론, 자동차용 저전력 DDR5 D램 출시", Automotive Electronics Magazine 2021년 2월 26일 (https://www.autoelectronics.co.kr/article/articleView.asp?idx=4015)

〈그림 13〉 마이크론의 DDR5 D램인 LPDDR5

자료: 회사 자료

마이크론은 다가오는 모빌리티 시장에도 미리 준비를 하고 있
다. 마이크론은 지난 30년 동안 자동차 시장을 지원해 왔다. 그만큼
차량용 반도체의 미래에 대한 확신을 가지고 있다. 이제 마이크론
의 이런 확신은 도로뿐만 아니라 하늘로 이어지고 있다. 마이크론은
UAM의 선구자인 독일의 볼로콥터(Volocopter)와 협력하고 있을 뿐
만 아니라 투자를 통해 차세대 에어택시의 성장 가능성에 대한 비전
을 가지고 있다. UAM은 자율주행이기 때문에 메모리반도체도 많이
필요할 수밖에 없다. 마이크론은 기술이 제공할 수 있는 한계를 뛰어
넘을 수 있도록 노력하고 있다.

(5) 인피니언 테크놀로지스(Infineon Technologies)

인피니언은 독일계 기업으로 뮌헨에 본사를 두고 있으며 차량
용 반도체를 주로 생산하고 있다. 1999년 지멘스에서 분사하였으며

2006년엔 키몬다(Qimonda)란 기업으로 메모리반도체 사업도 분사하였다. 인피니언은 지난 40년간 차량용 반도체 시장을 이끌어 오면서 자동차 시장에서 선도적인 파트너로 자리매김하고 있다. 그리고 끊임없이 진화하고 있는 자동차 시장에서 디지털화의 핵심인 다양한 차량용 반도체를 고객들에 제공하고 있다.

최근 인피니언은 차량용 반도체의 매출이 40%가 넘고 있으며 이 중에서 전원 IC가 가장 비중이 높게 차지하고 있다. 특히 모빌리티 산업의 성장이 가속화됨에 따라 전 세계적으로 자동차용 전원 IC 수요가 급격하게 늘어나는 중이다. 인피니언은 다른 기업들과 달리 300mm 웨이퍼 칩의 제조 설비를 보유하고 있다. 그리고 인피니언은 미래 모빌리티 시장의 성장에 대비해 전원 IC를 원활하게 공급하기 위해 고객들과 긴밀하게 소통하고 있다. 이를 위해 몇 년 전 오스트리아에 16억 유로를 투자하여 공장을 건설하고 12인치 웨이퍼로 전력반도체를 생산하기 시작하였다.

인피니언의 차량용 반도체 분야에서의 목표는 차량용 가격으로 항공기 수준의 신뢰성을 고객에 제공함으로써 자율주행의 시대를 이끌어 나가는 것이다. 나아가 차량용 반도체는 품질에 있어 신뢰성이 무엇보다 중요하다. 따라서 인피니언은 품질에 있어서만큼은 타의 추종을 불허할 정도로 고객들로부터 호평을 받고 있다(최근 현대자동차의 아이오닉 5에 들어가는 파워모듈 칩(IGBT)에서 불량이 나온 적이 있어 이미지가 약간 훼손된 면이 있기는 하다). 뿐만 아니라 인피니언은 몇 년 전 주로 MCU의 설계와 제조를 하고 있는 미국기업인 사이프레스(Cypress)를 90억 유로에 인수하면서 차량용 반도체 기업순위 1위에 올라서기도 하였다. 나아가 인피니언은 자율주행차로의 점진적 발전에 따라 차량용 반도체의 실적은 지속적으로 향상되고 있다.

인피니언의 제품 포트폴리오는 크게 4가지로 구성되어 있다. 그건 바로 차량용 반도체, 산업용 전력제어 반도체, 전력 및 센서시스템 반도체 그리고 커넥티드 보안시스템 반도체 부문이다. 인피니언은 이런 제품 포트폴리오를 수십 년간 유지해 오고 있다.

특히 최근 각 부문이 서로 융합되어 나아가는 추세에 있기 때문에 전력반도체와 보안반도체도 차량용에 쓰이고 있다. 인피니언은 이런 제품 포트폴리오를 가지게 됨으로써 시너지를 적극적으로 활용해 차량용 반도체 시장에서 성장의 기반을 마련할 수 있었다. 특히 차량용 반도체의 경쟁력은 완성차 기업의 요구사항을 이해하고 시장의 트렌드보다 한발 앞서 제품을 제안하는 거에서 나온다.

따라서 인피니언은 반도체 기업으론 특별하게 자동차 시스템 연구센터를 운영하면서 고객의 요구사항에 맞는 반도체를 적극적으로 개발하고 있다. 특히 와이드 밴드 갭 반도체(화합물반도체) 시장의 성장에 따라 인피니언도 이에 대비하고 있다. 인피니언은 2018년 질화갈륨(GaN) 전력반도체의 양산을 시작하였다.

인피니언은 SiC 반도체를 많은 완성차 기업에 제공하고 있다. SiC 반도체는 Si 기반 제품에 비해 효율, 크기와 비용 면에서 더 우수한 이점을 제공할 수 있다. 따라서 앞으로 차량이 자율주행차로 전환되면 더욱 많은 SiC 반도체가 쓰일 거로 예상된다.

인피니언은 모빌리티 분야에서도 혁신을 이어 나가고 있다. 인피니언은 경쟁 기업보다 앞선 10여 년 전부터 수많은 모빌리티용 제품을 개발해 왔다.

최근 인피니언은 AURIX™ MCU 제품군을 확장해 새로운 TC4x 제품을 출시하였다. 이 제품은 기존의 주력 제품군인 AURIX TC3x의 새로운 버전으로 안전성과 보안성이 우수하여 차세대 e-모빌리티, ADAS, 자동차 E/E 아키텍처와 보급형 AI 등의 애플리케이션을 위해 사용된다.

〈그림 14〉 인피니언의 다양한 반도체 이미지

자료: 회사 자료

인피니언은 현대자동차와 함께 새로운 모빌리티 시장을 준비하고 있다. 인피니언은 모빌리티용으로 업계에서 가장 포괄적인 반도체 포트폴리오를 제공하고 있다. 이에 따라 고객들은 역동적인 모빌리티 시장의 변화에 빠르게 대응할 수 있을 뿐만 아니라 새로운 제품을 신속하게 개발할 수 있다. 나아가 자동차의 모빌리티로의 발전은 인피니언의 성장을 더욱 가속화시킬 수 있을 거로 본다.

더욱이 현재 인피니언은 차량용 반도체의 리딩 기업으로서 친환경 전기자동차 보급을 더욱 확대해 나아가는 데 핵심적 역할을 하고 있다. 특히 인피니언은 자동차 산업이 탄소제로의 모빌리티 시대로 나아갈 수 있도록 도움을 주고 있다.

혁신과 파트너십은 인피니언이 가지고 있는 DNA의 일부라 할 수 있다. 이미 인피니언은 현대자동차의 핵심 협력 기업으로 성장하였으며 2019년 반도체 기업으로선 최초로 올해의 협력사 상을 수상한 적이 있다. 뿐만 아니라 인피니언은 SiC 기반 전력 모듈을 현대자동차에 안정적으로 제공하고 있다.

2022년부터 인피니언과 엘지전자(LG Electronics)는 미래의 성장 가능성이 있는 모빌리티 관련 스타트업을 공동으로 지원하기로 하였다. 이미 디지털 시대로 전환하는 시대에서 창의적이고 혁신적인 기술을 확보하기 위한 전략으로 보인다.

앞으로 인피니언은 모빌리티 시대에 핵심 파트너로서 중요한 역할을 할 수 있을 거로 본다. 특히 인피니언은 차량용 반도체의 다양한 포트폴리오를 갖추고 있기 때문에 경쟁 기업보다 성장에 대한 기대가 크다. 따라서 인피니언은 모빌리티 시대에도 리딩 기업으로 성장해 나아갈 수 있을 거로 예상한다.

(6) NXP 반도체(NXP Semiconductor)

NXP는 네덜란드 기업으로 2006년 필립스에서 분사하였다. 본사는 에인트호번에 있으며 제품은 차량용과 보안용 반도체가 메인이다. 특히 NXP는 경쟁사인 프리스케일(Freescale)을 2015년 167억 달러에 인수하게 됨에 따라 차량용 반도체의 제품 포트폴리오가 더욱 다양해지게 되었다. NXP는 인피니언과 1, 2위를 다투는 경쟁관계이지만 인피니언과 달리 전원 IC는 입지가 약한 편이다. NXP도 차량용 반도체의 비중이 매우 높은 편으로 50% 정도를 점유하고 있다. 특히 NXP는 기술적 강점으로 MCU 분야에서 20% 가까이 시장점유율을 차지하면서 1위를 기록하고 있다. 그리고 MCU는 코로나 19가 발생된 후 품귀현상이 심각해짐에 따라 구하기 어려운 대표적인 반도체가 되었다. 이에 따라 MCU 가격이 급등하여 NXP의 매출에 크게 기여하기도 하였다. 앞으로도 MCU 수요의 확대가 예상됨에 따라 NXP의 실적에 긍정적인 영향을 미칠 거로 본다.

〈그림 15〉 NXP의 최종 사용처별 매출 비중

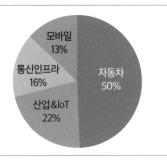

자료: 회사 자료, 신한금융투자 / 주: '21년 연간 기준

한편 2018년 퀄컴은 NXP의 인수를 적극적으로 추진하였으나 중국 상무부의 1년 가까운 반독점 심사 끝에 거부하여 무산된 적도 있었다. 뿐만 아니라 NXP는 삼성전자가 차량용 반도체 사업을 강화하기 위해 오래전부터 인수에 관심을 기울이고 있는 기업이기도 하다. 하지만 최근 차량용 반도체 부족사태로 NXP의 기업가치가 크게 올라 인수하기엔 부담이 클 뿐만 아니라 주요 국가들의 승인을 받아야만 하기 때문에 만만치 않은 상황이다. 특히 인수에 실패하게 되면 NXP에 위약금을 물어주어야 하는 관계로 많은 난관을 극복해야만 한다. 하지만 삼성전자에 NXP는 여러모로 인수대상으로서 매우 매력적인 기업이다.

NXP는 다른 차량용 반도체 기업들이 파운드리에 위탁생산을 맡기는 비중이 큰 거와 달리 자체적으로 생산하는 비중이 85% 정도로 매우 높은 편이다. 그리고 NXP는 90nm 이하 제품을 위주로 주로 TSMC에 위탁하여 생산하고 있다.

최근 NXP는 차량용 반도체의 부족이 장기화되기 시작하면서 중장기 계약이 크게 늘어나고 있을 뿐만 아니라 실적도 크게 좋아지고 있다. 나아가 차량용 반도체의 부족사태가 최소 2023년 말까지는 이어질 거로 보임에 따라 앞으로의 전망도 밝은 편이다. 특히 유럽에선 매년 전기자동차의 판매대수가 2배 이상 증가하고 있을 뿐만 아니라 차량 1대당 반도체의 사용금액도 3배 이상 늘어나고 있다. 이에 따라 미래에도 NXP는 성장 모멘텀을 확보할 수 있게 되었다. 나아가 NXP는 ADAS, 인포테인먼트, 커넥티비티, 전력관리 그리고 배터리

관리솔루션 등 전장 분야에 특화된 다양한 포트폴리오를 가지고 고신뢰성과 보안성을 갖추고 있는 반도체를 고객들에 공급하고 있다. 나아가 NXP는 몇 년 전 업계에서는 처음으로 SiC 웨이퍼에 GaN 막을 얹은 트랜지스터를 출시하였다. 이를 바탕으로 NXP는 BMW, 포드, 혼다, 도요타, 현대자동차와 테슬라 등 주요 완성차 기업들을 고객으로 두고 있다.

한편 최근 NXP는 네덜란드 스타트업 기업인 라이트이어(Light-year)와 함께 태양광 자율주행차를 개발한다. 기존 전기자동차보다 한 단계 앞선 차세대 친환경 모빌리티 사업에 뛰어드는 것이며 차량 배터리 관리시스템(BMS), 운전자-차량 인터페이스, 차량 제어 장치, 그리고 태양열 변환기 등에 NXP의 기술이 적용된다.[13] 이에 따라 NXP는 차량용 반도체를 모빌리티로 확대할 수 있게 되었을 뿐만 아니라 장기적으로 안정적인 비즈니스를 구축할 수 있게 되었다.

(7) 르네사스 일렉트로닉스(Renesas Electronics)

르네사스는 일본의 차량용 반도체 기업이다. 2003년 전자분야 대기업인 히타치제작소(Hitachi Ltd.), 미쯔비시전기(Mitsubishi Electric)와 일본전기(NEC)의 시스템반도체 사업 부문을 분사한 후 합병하여 설립한 기업이다. 르네사스의 주요 사업은 자동차, 산업(Industrial/

---

13) 정예린, "車반도체 2위 NXP, 태양광 자동차 만든다." THE GURU 2021년 11월 15일
(https://www.theguru.co.kr/news/article.html?no=27653)

Infrastructure/IoT)과 기타(Other)의 3가지 부문으로 구성되어 있으며 자동차 부문이 46%, 산업부문이 52% 그리고 기타가 2%이다. 특히 르네사스는 자동차 부문의 MCU 비중이 가장 높으며 NXP와 거의 비슷한 시장점유율을 기록하고 있다. 이외에도 SoC뿐만 아니라 인 포테인먼트 등에 필요한 다양한 반도체도 생산하고 있다.

〈그림 16〉 르네사스 일렉트로닉스의 부문별 매출 현황

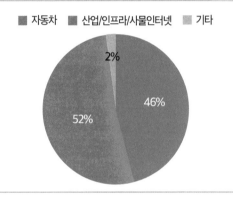

자료: 회사 자료

르네사스도 MCU 부족으로 실적이 크게 향상되고 있으며 도요 타, 닛산과 혼다(Honda) 등의 일본 완성차 기업들이 주요 고객이다. 특히 르네사스는 수출보다는 내수의 비중이 높은 거로 알려져 있다. 그리고 르네사스는 지속적으로 늘어나고 있는 차량용 반도체의 수요 에 대비하기 위해 생산의 내재화 전략으로 자체적으로 생산하고 있 는 반도체의 비중을 더 높이고 있다. 또한 자체적으로 생산하기 어 려운 반도체는 주로 TSMC와 글로벌파운드리에 위탁하여 생산하고

있다. 아울러 르네사스는 자체 생산능력 확보를 위해 2021년엔 800억 엔(약 8,557억 3,600만 원), 2022년엔 600억 엔(약 6,418억 200만 원)의 자본을 투입하였다. 나아가 경영설명회에서 2023년까지의 반도체 생산능력에 대한 전망을 발표하고 반도체의 생산라인을 고성능 MCU는 1.5배, 저가형 MCU는 1.7배 늘릴 거라 발표하였다.[14]

한편 르네사스는 2016년 차량용 반도체 기업인 미국 인터실(Intersil)을 약 3조 8,000억 원에 인수하였으며 2019년에는 약 7조 9,000억 원으로 미국 통신 반도체 설계 기업인 IDT(Integrated Device Technology)를 인수하였다. 나아가 2021년에 약 6조 6천억 원으로 모바일 장치와 사물인터넷을 구동시키는 IC를 설계하는 영국 다이알로그 세미컨덕터(Dialog Semiconductor)를 인수하고 3개월 후엔 이스라엘 와이파이 반도체 기업인 셀레노(Celeno)를 약 3,700억 원에 인수하였다. 뿐만 아니라 2022년에도 임베디드 AI 솔루션 프로바이더인 미국 Reality Analytics(Reality AI)를 인수하는 계약을 체결하였다. 이에 따라 르네사스는 차량용 반도체의 종합적인 역량을 강화할 수 있었다.

르네사스는 코로나 19가 한창이던 시점에 화재, 지진과 태풍으로 인한 낙뢰 등 각종 사건과 사고가 발생하여 반도체의 생산에 어려움을 겪으면서 차량용 반도체 부족사태를 더욱 심화시키기도 하였다. 하지만 지금은 어느 정도 생산이 안정화 단계에 들어서고 있으며 앞

---

14) 최규현, "르네사스 파운드리, 자동차 반도체 생산량 1.5배 증설" 아세안익스프레스 2021년 10월 10일 (https://www.aseanexpress.co.kr/mobile/article.html?no=7048)

으로 생산능력은 지속적으로 향상될 거로 본다.

르네사스는 모빌리티와 관련해선 다른 경쟁 기업과 비교해 아직 구체적인 계획은 미흡해 보인다. 하지만 모빌리티 수단인 이바이크(E-bike), 이스쿠터(E-scooter), 지게차(Forklift)와 하이브리드 전기차량(Hybrid Electric Vehicle)에 사용되는 저전압, 저비용, 고기능성과 고효율성뿐만 아니라 고파워와 고토크(High Torque) 제품을 고객에 제공하려 노력하고 있다.

(8) ST 마이크로(ST Micro)

ST 마이크로는 1987년 설립되었으며 스위스 제네바에 본사를 둔 기업이다. 이탈리아의 SGS 마이크로일렉트로니카(이탈리아어: Società Generale Semiconduttori Microelettronica)와 프랑스 톰슨 SA(프랑스어: Thomson SA)의 반도체 사업부인 톰슨 세미컨덕터스가 합병하여 탄생되었다.

ST 마이크로는 애플, 블랙베리(Blackberry), 보쉬, 시스코(Cisco), 휴렛팩커드(HP), 테슬라, 삼성전자와 웨스턴 디지털(Western Digital) 등의 다양한 고객을 보유하고 있다. 특히 ST 마이크로는 설립 초부터 자동차 분야에 집중해오고 있으며 주요 완성차 기업들과 협업을 한 거도 35년이 넘어서고 있다. 그리고 ST 마이크로는 차량의 폭넓은 제품 포트폴리오를 가지고 있으며 ST 마이크로의 제품이 탑재되지 않은 자동차가 거의 없을 정도이다.

ST 마이크로의 사업부문은 아래 〈그림 17〉과 같이 3가지로 나뉘어 있다. 차량용 반도체 사업인 ADG엔 차량용 반도체, ADAS 이미지 프로세서, ADAS 레이더 솔루션, 자동차용 MCU, 오디오 전력 증폭기와 차량용 SiC 등이 있다. ST 마이크로는 ADG의 매출비중이 가장 높으며 전공정 팹은 프랑스와 이탈리아에 두고 있다. 그리고 자사 팹에서 80% 정도를 생산하고 외부 팹에서 20% 정도를 생산하고 있다.

〈그림 17〉 최근 ST 마이크로의 각 부문별 매출비중

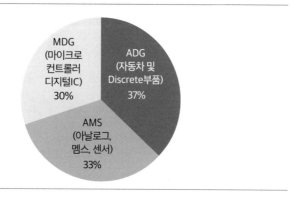

자료: NH투자증권 리서치본부

최근 ADG에선 전기자동차의 파워트레인과 기타 애플리케이션에 들어가는 전력 디바이스를 향상시킨 최첨단 3세대 STPOWER SiC 모스펫(MOSFET)을 출시하였다. SiC 반도체는 기존의 반도체에 사용되는 Si와 비교해 전압 내구성은 10배, 열 내구성은 3배 정도 높을 뿐만 아니라 전력 에너지 손실도 70% 정도 절감할 수 있다.

ST 마이크로는 크리(Cree)로부터 SiC 웨이퍼를 공급받음으로써 가장 먼저 이 시장에 진입하였으며 초기 투자금액도 가장 큰 거로 알려져 있다.

특히 ST 마이크로는 6인치에서 8인치로 웨이퍼를 전환하여 늘어나는 SiC 반도체의 수요에 대응하려는 계획을 가지고 있다. 8인치로 전환함으로써 작고 가벼우면서 효율적인 전력장치를 구현할 수 있을 뿐만 아니라 생산수량은 2배 이상 늘릴 수 있게 된다. 이를 위해 스위스에 팹을 건설하여 2024년 양산을 목표로 하고 있다.

뿐만 아니라 ST 마이크로는 차세대 반도체인 GaN 사업도 진행하고 있다. 몇 년 전 8인치 GaN 전력반도체 전문 기업인 프랑스 엑사갠(Exagan)의 지분도 다수 취득하였다. 이를 통해 ST 마이크로는 차량용 반도체 사업을 강화하고 TSMC에 GaN 반도체의 양산을 맡기고 있다. GaN은 SiC보다 높은 전압을 견딜 수는 없다. 하지만 GaN은 Si 반도체보다 신호처리 속도가 10배 빠르며 열에 강한 게 큰 특징이다. 나아가 칩의 크기도 10분의 1로 줄일 수 있다.

ST 마이크로는 전기자동차의 충전시간을 줄이고 주행거리를 늘릴 수 있는 새로운 차량용 스텔라 MCU도 개발하여 조만간 출시 예정이다. 이 MCU는 고속 제어루프 프로세싱을 칩에 통합하여 하나의 MCU로 전체 모듈을 제어함으로써 전기자동차의 제조원가를 줄이는 거도 가능하다. 그리고 자동차의 안전과 보안 표준을 보다 용이하게 지킬 수 있도록 돕는다. 이를 통해 ST 마이크로는 자동차 시장에서 변화를 주도할 수 있게 되었다.

나아가 ST 마이크로는 모빌리티 시대에 대비하기 위해 스마트 모빌리티 기업들을 지원하기로 하였다. 이에 따라 ST 마이크로는 2021년 유망 신생기업을 선정하고 중견 기술 기업에 소개해 자동차 부문의 혁신을 주도하는 스타트업 아우토반(Startup Autobahn)의 앵커 파트너사로 합류하였다. 스타트업 아우토반의 앵커 파트너는 주요 자동차 브랜드와 다양한 자동차용 테크 기업들로 구성된다. 결과적으로 ST 마이크로는 스마트 모빌리티(Smart Mobility)에 대한 자사의 전략적 방침에 따라 전자화, e-모빌리티, 스마트와 커넥티드 드라이빙과 관련된 혁신적인 아이디어를 가진 신생 기업들을 위해 새로운 기회의 창출을 지원하게 된다.[15]

(9) 텍사스 인스트루먼트(Texas Instruments)

TI는 아날로그반도체 시장의 최강자로 반도체 기업들 중에서 가장 오랜 역사를 보유한 기업이다. 본사는 텍사스주 달라스에 위치해 있으며 차량용 반도체 시장에서도 5위 안에 드는 기업이며 전체 반도체 기업 중에서도 10위권 내 자리하고 있다.

TI는 주로 아날로그와 임베디드 반도체의 설계와 제조를 진행하고 있다. 주요 생산제품은 아날로그반도체, 임베디드 프로세서, DSP(Digital Signal Processor)와 DLP(Digital Light Processing) 등이다.

---

15) 서유덕, "ST마이크로, 스마트 모빌리티 기업 지원한다" 테크월드뉴스 2021년 7월 26일
(https://www.epnc.co.kr/news/articleView.html?idxno=212799)

TI는 자체적으로 80% 정도의 반도체를 생산하고 20% 징도는 위탁하여 생산하고 있다. 그리고 파운드리 기업에 위탁하여 생산하는 제품은 주로 로직 IC류이다.

〈그림 18〉 텍사스 인스트루먼트의 제품별 매출비중

2021년

■ 아날로그　■ 임베디드　▨ 기타

6%
17%
77%

자료: NH투자증권 리서치본부

　TI는 차량용 반도체의 비중이 아직까지는 다른 전문 차량용 반도체 기업들보다 낮은 편이다. 하지만 TI는 늘어나고 있는 차량용 반도체의 수요에 맞추어 차량용 반도체 사업을 확대해 나아갈 계획이다. 특히 TI는 고객이 자동차 시장에서 새로운 애플리케이션을 개발할 수 있도록 지속적으로 솔루션을 제안하여 많은 도움을 주고 있다.

　나아가 TI는 취급하고 있는 제품 종류만 10만 개 이상으로 반도체 기업 중에서 가장 많은 종류의 제품 라인업을 가지고 있다. 이 중에서 전력반도체 부문이 45% 정도를 차지하고 있지만 MCU는 다른 전문 차량용 반도체 기업들보다 인지도가 낮은 편이다.

앞으로 TI의 차량용 반도체 사업은 지속적으로 성장할 수 있을 거로 전망된다. 차량에 전력반도체의 탑재가 꾸준히 증가하고 있기 때문이다. 나아가 차량의 성능이 계속해서 개선됨에 따라 다른 아날로그 칩의 탑재도 지속적으로 증가하고 있으므로 TI도 혜택을 볼 수밖에 없는 상황이다.

TI는 ADAS, 차체 전자장비, 파워트레인 시스템, 인포테인먼트와 클러스터 등 차량의 다양한 부분에 반도체를 납품하고 있으며 새로운 차량용 반도체도 지속적으로 출시하고 있다. 뿐만 아니라 TI는 2017년부터 DTC(Direct to Customer) 전략을 펼지고 있는 데, 이는 고객이 TI.com을 통해 직접 제품을 구매할 수 있도록 하는 것이다. 이를 통해 고객들은 편리함을 느낄 수 있으며 가격 메리트도 가질 수 있다. 이 전략은 매우 성공적이어서 TI의 매출에 상당한 기여를 한 거로 밝혀지고 있다.

차량용 반도체에서 TI의 강점은 수십 년 동안 축적된 전문적 기술력을 바탕으로 설계와 제조를 같이 진행한다는 점이다. TI는 다양한 제품을 통해 전기자동차의 충전시간을 단축시키고 주행거리를 늘릴 수 있도록 노력하고 있다. 나아가 TI는 코로나 19로 인한 차량용 반도체 공급부족에 가장 잘 대응하였던 기업이었기 때문에 다른 경쟁 기업보다 제품의 이익률이 높은 편이다.

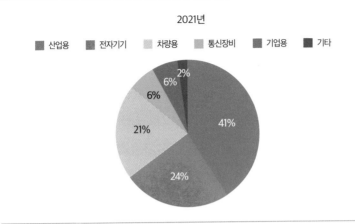

〈그림 19〉 텍사스 인스트루먼트의 부문별 매출비중

2021년

■ 산업용 ■ 전자기기 ▨ 차량용 ■ 통신장비 ■ 기업용 ■ 기타

2%
6%
6%
21%
41%
24%

자료: NH투자증권 리서치본부

한편 TI는 몇 년 전 고전압 전력반도체 포트폴리오에 차세대 650V과 600V GaN FET을 출시하였다. 이를 통해 밀도와 효율성에 대한 개선뿐만 아니라 제품의 크기와 비용의 절감이 가능해지게 되었다.

나아가 TI는 늘어나고 있는 차량용 반도체의 수요에 대응하기 위해 최근 마이크론의 유타주에 있는 리하이(Lehi) 팹을 9억 달러에 사들였다. 그리고 텍사스주 셔먼에 새로운 12인치 팹을 건설하기 위해 이미 착공에 들어갔다. 이외에도 텍사스주의 다른 지역에 TI의 새로운 팹들이 조만간 완공을 기다리고 있다. 이와 같이 TI는 새로운 팹을 지속적으로 늘려 2030년까지 전공정의 90%까지 생산을 내재화하겠다는 계획도 가지고 있다.

마지막으로 TI는 주로 아날로그 칩에 중점을 두고 있기 때문에 AP(Application Processor) 같은 고성능 칩은 생산하지 않고 있다. 하지만 아날로그 칩도 AP 칩 못지않게 차량에 탑재가 증가 추세에 있다. 이에 따라 앞으로 TI도 큰 기대를 가져볼 만한 기업이다.

❷ 팹리스 기업
(Fabless Company)

팹리스 기업은 반도체의 설계만을 전문적으로 진행하는 기업이다. 보통 IP 기업과 디자인 하우스를 팹리스 기업에 포함시키는 경우가 많다. 팹리스 기업은 주로 설계만을 진행하다 보니 대체적으로 IDM 기업과 비교해 규모가 작고 자본력이 부족한 편이다(물론 엔비디아, 퀄컴, AMD, 브로드컴과 미디어텍 같은 팹리스 기업은 일반적인 IDM 기업보다 규모가 큰 경우이다). 하지만 상대적으로 적은 자본으로 사업을 시작할 수 있어 시장진입이 비교적 용이한 편이다. 따라서 최근 스타트업 팹리스 기업이 많이 생기고 있을 뿐만 아니라 빅테크 기업도 이미 팹리스 기업으로 시장에 진입하고 있는 상황이다. 뿐만 아니라 최근 반도체 산업의 전문화 추세에 따라 팹리스 기업들의 성장세가 가파르게 나타나고 있다.

과거 팹리스 기업은 기존 전문 차량용 반도체 기업들의 차량용 반도체에 대한 시장장악에 따라 시장진입이 어려웠지만 코로나 19로 반도체 부족난이 발생하면서 많은 기회가 생기고 있다. 특히 첨단공정의 반도체와 화합물반도체 분야에서 팹리스 기업들의 시장진입이 활발해지고 있다. 팹리스 기업의 장점은 제조를 진행하지 않기 때문에 다양한 리스크를 피할 수 있다는 점이다(물론 이로 인해 규모가 작은 팹리스 기업은 파운드리를 구하기 어렵다는 단점도 존재한다).

한편 규모가 큰 팹리스 기업들은 이미 차량용 반도체 시장에 진입하고 있다. 특히 이들 기업은 기존의 내연기관 차량이 아닌 전기자동차와 자율주행차에 들어가는 첨단 성능의 반도체를 주로 취급한다. 첨단 성능의 반도체는 시장의 성장성이 클 뿐만 아니라 기본적으로 고가이기 때문에 이익도 큰 편이다. 앞으로도 많은 팹리스 기업이 차량용 반도체 시장에 진입하게 될 거로 보고 있다.

(1) 엔비디아(NVIDIA)

엔비디아는 GPU로 많이 알려져 있는 기업이며 게임 분야부터 사업을 시작하였다. 지금은 GPU로 지위를 확고히 구축하고 있을 뿐만 아니라 AI 분야에서도 강력한 경쟁력을 보유하고 있다. 나아가 최근 엔비디아는 메타버스 시장에도 새롭게 진출하여 독보적인 플랫폼을 구축해 나아가고 있다.

특히 젠슨 황(Jensen Huang) CEO는 엔비디아의 차세대 성장동력으로 자동차 분야를 생각하고 있다. 엔비디아는 자동차 분야의 매출이 지금은 불과 몇 퍼센트에 불과하지만 5년 후 자동차 분야에서 110억 달러(약 13조 8천억 원) 규모의 매출을 기록할 수 있을 거로 예상하고 있다. 현재는 인포테인먼트 분야에 치중하고 있지만 점차적으로 다른 분야로 확대해 나아갈 예정이다. 나아가 엔비디아는 자동차 사업이 엔비디아의 많은 사업과 연결되어 있을 뿐만 아니라 자동차 사업을 AI 사업으로 보고 있다.

엔비디아는 몇 년 전부터 영국의 완성차 기업인 재규어 랜드로버(JAGUAR LAND ROVER)와 자율주행 칩을 개발하기 위해 파트너십을 맺고 있다. 파트너십의 구체적인 내용은 2025년 출시될 차량에 엔비디아의 차량용 반도체를 탑재하기로 한 것이다.

현대자동차도 2022년 이후 출시하는 모든 차량에 엔비디아 드라이브(NVIDIA Drive)를 적용한다. 엔비디아 드라이브는 자율주행 기능을 제공하는 컴퓨터 플랫폼으로 2015년부터 개발하였다. 현대자동차는 반도체만 엔비디아에서 개발한 거를 쓰고 소프트웨어는 자체적으로 개발하기로 하였다. 현대자동차는 제네시스 GV80 · G80에 처음으로 엔비디아 드라이브를 적용한 커넥티드 카(Connected Car)의 운영체제를 탑재한 적이 있다.[16] 나아가 엔비디아는 현대자동차의 디지털 통합 콕핏(Cockpit)에서도 서로 협력하고 있는 거로 알려져 있다.

뿐만 아니라 엔비디아는 ADAS와 자율주행에 사용되는 SoC인 드라이브 오린(Drive Orin)을 중국 전기자동차 기업인 BYD와 미국 루시드(Lucid)에 납품하고 있다. 그리고 샤오펑(XPEV)과 니오(NIO)도

---

16) 이재연, "현대차, 엔비디아 선택…차량용 반도체 시장 향배 주목" 한겨레 2020년 11월 11일
(https://www.hani.co.kr/arti/economy/economy_general/969393.html)

최신 차량에 드라이브 오린을 탑재하고 있다. 나아가 다른 중국 완성차 기업들도 탑재를 검토 중이다. 드라이브 오린은 엔비디아가 진행하고 있는 자율주행 플랫폼인 드라이브 하이페리온 8(Drive Hyperion 8)을 구성하고 있는 칩이다.

볼보(Volvo)도 드라이브 오린을 탑재한 자동차를 출시하였으며 벤츠는 드라이브 하이페리온 8을 고려 중이다. 여기엔 메인 칩, 12개의 서라운드 카메라, 9개의 레이더, 12개의 초음파, 1개의 전면 라이다 그리고 3개의 내부 감지 카메라 등이 포함되어 있다. 지금 예상으론 2024년에 이를 적용한 차량을 출시할 수 있을 거로 예상한다.

이 밖에도 크루즈(Cruise), 죽스(Zoox)와 디디(DiDi) 등의 로보택시 서비스 기업뿐만 아니라 볼보, 나비스타(Navistar)와 플러스(Plus)와 같은 트럭 운송 서비스 기업에서도 드라이브 하이페리온 8을 탑재하고 있다. 나아가 엔비디아는 드라이브 하이페리온 8의 업데이트 버전인 드라이브 하이페리온 9도 공개하였다. 드라이브 하이페리온 8이 자율주행 레벨 3을 목표로 했다면 드라이브 하이페리온 9는 레벨 4를 타깃으로 하고 있다. 현재 25개 이상의 모빌리티 기업이 엔비디아의 드라이브 오린 칩을 탑재하였다. 이를 통해 엔비디아는 Non-Tesla 진영의 선두기업이 되려 노력을 기울이고 있다.

〈그림 20〉 엔비디아의 자동차 기업 고객 상황

자료: 회사 자료

한편 최근 라스트 마일(Last-mile) 엔터프라이즈 배송 수요가 증가함에 따라 엔비디아는 관련 스타트업에 대한 지원을 준비하고 있다.

일본 베이 에어리어 지역의 스타트업이자 엔비디아 인셉션(Inception)의 회원기업인 팩션(Faction)이 무인 서비스를 위해 특수 제작된 3륜 프로덕션급 전기자동차로 기업 간 자율배송 서비스를 준비하고 있다. 팩션은 엔비디아의 최신 AI 기술과 전문성을 활용하고 있다. 그리고 엔비디아 드라이브 AGX를 기반으로 구축한 자율주행 시스템이 우수한 AI 컴퓨팅을 가능하게 한다. 참고로 엔비디아 인셉션은 스타트업이 더 빠르게 성장할 수 있게 지원하는 무료 프로그램이다.

(2) 퀄컴(Qualcomm)

퀄컴은 1985년 미국 샌디에이고에서 어윈 제이콥스(Irwin Jacobs)와 MIT의 친구들이 설립하였으며 그동안 모바일 분야에서 막강한 힘을 발휘하였다. 특히 퀄컴의 SoC인 스냅드래곤(Snapdragon)은 오랜 기간 거의 경쟁자가 없었을 정도로 우수한 경쟁력을 가지고 있다. 하지만 모바일 분야에서 애플과 같은 고객이 자체적으로 칩을 만들기 시작하면서 생존하기 쉽지 않을 거로 예상하고 사업을 메타버스, 자동차, IoT와 PC 등의 분야로 확장하였다.

이 중에서 자동차 시장은 퀄컴이 가장 중점을 두고 있는 분야 중 하나이다. 물론 퀄컴의 자동차 사업은 아직까지 초기단계이기 때문에 매출은 그리 크지 않지만 앞으로 매우 빠른 속도로 커질 거로 전망하고 있다.

특히 퀄컴은 독일의 완성차 기업인 BMW의 차세대 자동차에 칩을 공급하며 2025년부터 생산하게 될 뉴 클래스(Neue Klasse) 시리즈 자동차에 탑재될 전망이다. 그리고 퀄컴은 르노(Renault), 혼다, 볼보와 GM 등과 같은 많은 완성차 기업에도 칩을 공급하고 있다. 나아가 2020년 설립된 카리아드(Cariad)란 폭스바겐의 자동차 소프트웨어 자회사는 레벨 4까지 자율주행을 위해 퀄컴의 칩을 사용하기로 결정하였다.

퀄컴이 자동차 시장에서 제공하고 있는 칩을 보면 매우 다양하다. 차량용 통합 플랫폼인 스냅드래곤 디지털 섀시는 자율주행 플랫폼인 스냅드래곤 라이드, 인포테인먼트 시스템인 스냅드래곤 콕핏 플랫폼, 5G, Wi-Fi와 V2X 등 연결성을 제공하는 스냅드래곤 오토 커넥티비티 플랫폼, 클라우드 기반으로 차량 소프트웨어 등을 업데이트할 수 있는 스냅드래곤 카 투 클라우드 등을 포함한다.[17] 특히 스냅드래곤은 대부분 최첨단 공정에서 제조되고 있기 때문에 저전력과 저발열의 특징을 가지고 있을 뿐만 아니라 AI를 자동차에 구현할 수 있다.

〈그림 21〉 퀄컴의 차량용 통합 플랫폼인 스냅드래곤 디지털 섀시

자료: 회사 자료

퀄컴은 2010년대부터 차량용 반도체를 개발하기 시작하였다. 그 후 2021년 비오니아(Veoneer)의 자율주행 사업부인 어라이벌(Arrival)을 인수하면서 차량용 반도체 사업을 강화하고 있다. 퀄컴은 개발하기 비교적 용이한 인포테인먼트 분야를 먼저 시작하였으나 점차적으로 다양한 분야로 확대하고 있는 중이다. 퀄컴은 대부분의 완성차 기

<hr />

17) 권택경, "모바일 넘어 모빌리티로, 자동차에 방점 찍은 퀄컴", IT동아 2022년 1월 5일
(https://it.donga.com/101610/)

업으로부터 인포테인먼트와 디지털 콕핏 사업을 수주한 거로 알려지고 있다. 특히 퀄컴은 이 분야에서 경쟁 기업을 압도하면서 1위를 기록하고 있다.

퀄컴의 스냅드래곤 820A 프로세서는 고급 기종의 스마트폰에 주로 사용되지만 자동차용으로 최적화시킬 수 있었기 때문에 많은 글로벌 완성차 기업들은 인포테인먼트 시스템에 사용하게 되었다. 이와 같이 퀄컴이 기존에 보유하고 있는 통신기술은 자동차 시장에 진입하는 데 많은 도움이 되고 있다.

나아가 퀄컴이 기존 전문 차량용 반도체 기업과 비교해 가지고 있는 강점은 바로 4nm와 같은 첨단 공정의 칩을 고객들에 제공하고 있다는 점이다. 자동차의 성능이 고급화될수록 첨단 공정의 칩이 많이 사용될 수밖에 없기 때문에 퀄컴은 다른 경쟁 기업보다 유리한 고지를 점할 수 있다. 특히 모빌리티 시장으로 진입하는 과정에서 자율주행을 위해 더 많은 고성능의 반도체가 필요하게 된다. 따라서 퀄컴은 모빌리티 시대의 가장 큰 수혜기업이 될 거로 예상된다.

한편 퀄컴은 차세대 모빌리티 시대에 대비하여 새로운 로드맵을 발표하였다. 그동안 쌓아온 5G와 AI 역량을 바탕으로 머지않은 미래에 자율이동 로봇(AMR) 시장을 개척해 나아갈 거로 보인다. 향후 퀄컴은 자율이동 로봇뿐만 아니라 배달 로봇, 산업용 드론과 UAM 등 차세대 모빌리티 시대에서 주도권을 이어 나아간다는 전략이다.

(3) 브로드컴(Broadcom)

브로드컴은 팹리스 기업 순위 3위이지만 몇 년 전 1위를 기록하기도 하였다. 브로드컴은 유무선 반도체 기업으로 싱가포르의 아바고 테크놀로지스(Avago Technologies)가 전신이다. 아바고는 2015년 브로드컴을 인수하면서 아바고보다 더 잘 알려진 브로드컴의 사명을 사용하게 되었다. 브로드컴은 미국 캘리포니아 산호세와 싱가포르에 공동으로 본사를 두고 있었으나 약 5년 전 미국으로 이전하였다. 브로드컴은 주로 M&A로 규모를 키우고 있는 게 특징이며 몇 년 전 퀄컴을 인수하기 위해 여러 차례 시도하였으나 불발되기도 하였다. 지금도 브로드컴은 퀄컴과 네트워크용 반도체 분야에서 서로 경쟁하고 있다.

브로드컴의 사업 분야는 크게 반도체 부문과 소프트웨어 부문이다. 최근 브로드컴은 많은 소프트웨어 기업을 인수하면서 소프트웨어 부문의 매출이 반도체 부문의 매출에 점점 근접해 가는 중이다. 한편 브로드컴도 자동차 분야의 매출은 그리 크지 않다. 차량용 반도체 사업은 2010년 초부터 자동차용 이더넷 제품을 출시하면서 본격적으로 시작하였다. 10여 년 전 현대자동차는 차세대 커넥티드 카의 개발을 위해 브로드컴과 파트너십을 맺기도 하였다.

브로드컴은 2013년 5G Wi-Fi와 블루투스(Bluetooth)를 지원할 수 있는 차량용 무선 칩을 출시하였다. 이 칩으로 운전자와 승객은 자신의 모바일 기기에서 차량 인포테인먼트 시스템과 뒷좌석 디스플

레이에 콘텐츠를 쉽게 연동하고 스트리밍할 수 있다. 그리고 2015년
엔 저전력에 최적화된 차세대 BroadR-Reach 자동차용 이더넷 칩을
출시하였다. 이 칩은 고객의 비용을 줄여줄 뿐만 아니라 차량 내 연
결을 간소화시키는 데 도움을 주고 있다. 나아가 브로드컴은 2016년
새로운 차량용 글로벌 내비게이션 위성 시스템(GNSS)에 들어가는
무선 연결 칩을 출시하였다.

한편 브로드컴이 차량용 반도체 사업에서 가장 주목받고 있는 건
테슬라와의 협업이다. 몇 년 전부터 테슬라의 전기자동차에 사용하
기 위해 7nm 공정으로 고성능 컴퓨팅(HPC) 칩(HW4.0)을 공동 개발
하여 TSMC에 위탁하여 생산하고 있다. 자율주행차는 차량 자체의
성능도 중요하지만 외부의 지원, 다시 말하면 네트워크와의 연결도
중요하다. 이런 이유로 테슬라는 네트워크 칩으로 경쟁력이 있는 브
로드컴과 협력하고 있는 거 같다. 이 칩은 2022년에 출시된 테슬라
차량에 탑재되고 있다.

브로드컴의 차량용 반도체가 자동차에 들어가고 있는 부문은 주
로 4가지다. 즉 파워트레인(Powertrain), ADAS, 인포테인먼트와 바디
(Body)이다.

파워트레인은 브로드컴의 옵토커플러(Optocoupler)와 앰플리파이
어(Amplifier) 등이 사용되고 ADAS엔 MCU, 엔코더(Encoder)와 LED
등이 사용된다. 그리고 인포테인먼트와 바디엔 MCU, 센서와 LED
등이 사용된다.

브로드컴은 자동차의 이더넷 연결(Ethernet Connectivity)과 네트워

킹, 광학적 분리와 센싱(Optical Isolation & Sensing), LED 라이팅과 라이다 스캐닝 조절(LiDAR Scanning Control) 등에서 고객들의 폭넓은 수요에 대응하고 있다.

〈그림 22〉 브로드컴의 차량용 반도체가 사용되고 있는 부문

자료: 회사 자료

브로드컴의 차량용 칩 솔루션은 자동차 시장에서 폭넓은 제품경험과 검증된 플랫폼을 기초로 고객이 차세대 차량에 혁신적인 전자장치를 도입할 수 있도록 돕는다. 나아가 고객의 안전뿐만 아니라 전

반적인 주행 경험을 향상시킬 수 있도록 노력하고 있다.

브로드컴은 다른 기업들과 달리 차량용 반도체 사업에 대해 아직까지 그리 중점을 두고 있지는 않은 상황이다. 이에 따라 모빌리티 분야에도 많은 신경을 쓰지 않고 있다. 하지만 차량이 자율주행차로 바뀌어 나아가는 동안 브로드컴의 차량용 반도체에 대한 판매는 계속해서 늘어날 거로 보고 있다.

(4) AMD(Advanced Micro Devices)

AMD는 주로 CPU와 GPU를 설계하는 기업이기 때문에 최근까지 차량용 반도체 사업엔 진출하고 있지 않았다. 하지만 2022년 초 자일링스(Xilinx)의 인수를 완료하면서 본격적으로 차량용 반도체 사업에 뛰어들 수 있게 되었다. 자일링스는 1984년 미국 실리콘밸리에서 설립되어 FPGA(Field Programmable Gate Array) 시장에선 전 세계 50% 이상의 시장점유율로 1위를 기록하고 있는 팹리스 기업이었다. AMD의 첨단 컴퓨팅 성능과 자일링스의 적응형 솔루션을 적절하게 통합하게 되면 자동차 시장에서 막강한 경쟁력을 갖출 수 있을 거로 본다.

자일링스는 지난 2000년대부터 자동차 시장에 뛰어들었으며 주로 자동차의 ADAS, 자동주행(Automated Driving), 차량 내부(In-Ve-hicle), 전기화 및 네트워킹(Electrification & Networking) 분야에 사용되는 반도체를 설계하고 있다. 이 중에서 ADAS에 쓰이는 반도체의 비중이 가장 높다. 지금까지 차량용 반도체를 2억 개 이상 출하하였으며 자동차 시장에서 매출도 지속적으로 증가 추세에 있다. 제품은 주로 28nm와 16nm 공정의 차량용 FPGA와 SoC를 공급한다. 최근 자동차의 보다 완벽한 자율주행을 위해 7nm 공정의 제품도 출시하였다. 주요 고객으론 콘티넨탈(Continental), 히타치, 마그나(Magna), BYD, 포니 AI(Pony AI)와 다임러(Daimler) 등이 있다. 자일링스는 자동차 시장의 공략을 위해 급변하는 시장에 대한 적응력과 짧은 지연 시간의 고성능 인텔리전스뿐만 아니라 품질의 신뢰성에 중점을 두고 있다. 나아가 자율주행차에서 무엇보다 중요한 보안 문제를 해결할 수 있도록 제품 라이프 사이클(Product Life Cycle)의 전반을 관리하고 있다.

특히 자동차 시장에서 자일링스 칩의 장점은 하드웨어와 소프트웨어를 고객이 원하는 대로 업그레이드할 수 있다는 점이다. 이에 따라 고객은 칩의 다양한 응용이 가능할 뿐만 아니라 확장도 할 수 있다.

나아가 2021년 자일링스는 자율주행과 로봇 등에 사용할 수 있는 7nm 공정의 AI 반도체인 버설 AI 엣지(Versal AI Edge)를 출시하였다. 완전 자율주행이 되면 AI 반도체가 차량의 핵심이 된다. 버설 AI 엣지는 데이터가 생성되는 현장의 근처에서 데이터를 실시간 처리하는 엣지 컴퓨팅에 사용하기 적합한 반도체이다. 특히 자율주행차로의 점진적 전환으로 데이터의 생성이 폭발적으로 증가함에 따라 이를 효과적으로 처리할 수 있을 거로 전망된다.

<그림 23> 자일링스의 버설 AI 엣지

자료: 회사 자료

　뿐만 아니라 AMD는 모빌리티 분야를 공략하기 위해 본격적으로 제품을 선보이고 있다. 최근 AMD는 자일링스를 인수한 후 늘어나는 로봇의 수요에 대응하기 위해 로보틱스 분야에 뛰어들었다. 그리고 AMD는 크리아(Kria) KR260 로보틱스 스타터 키트를 출시하였다. 이 제품은 FPGA의 전문지식이 없는 로봇공학자도 적응형 하드웨어 가속기를 이용하여 다양한 로봇을 손쉽게 설계할 수 있도록 제작되었다.

　앞으로도 AMD는 자일링스의 차량용 반도체 사업을 더욱 키울 거로 예상하고 있다. 특히 AMD와 자일링스의 강점인 AI 반도체 기술은 자동차뿐만 아니라 모빌리티 분야에도 핵심이 될 거로 예측된다. 따라서 AMD는 자동차와 모빌리티의 AI 반도체 분야에서 리딩 기업으로 도약할 수 있을 거로 본다.

(5) 미디어텍(MediaTek)

미디어텍은 UMC로부터 분리되어 1997년 설립한 기업으로 대만 최대 규모의 팹리스 기업이다. 미디어텍은 그동안 5G에 많은 R&D 투자를 진행해 온 결과로 시장에서 빠르게 성장할 수 있었다.

미디어텍이 제공하고 있는 제품은 주로 디지털 TV, 태블릿, DVD/블루레이(Blu Ray)에 들어가는 칩과 스마트폰에 들어가는 AP이다. 그리고 미디어텍은 스마트폰용 AP 시장에서 퀄컴을 따라잡게 되면서 출하량 기준으로 AP 시장점유율 1위를 차지하게 되었다.

최근 미디어텍은 전 세계적인 경제불황에 따라 AP의 매출은 줄고 있는 추세이지만 차량용 반도체의 매출은 오히려 늘어나고 있는 상황이다. 이런 상황이다 보니 최근 미디어텍은 차량용 반도체 사업에 많은 관심을 두고 있다. 미디어텍이 차량용 반도체 사업에 관심이 많다는 건 오토X(AutoX)란 중국판 웨이모로 불리는 자율주행 스타트업에 자본을 투자한 거로도 알 수 있다. 오토X는 완전 무인 자율주행 차량인 로보택시(Robotaxi)를 선전에서 운행할 계획이다.

뿐만 아니라 중국은 전기자동차 시장이 가장 빠르게 성장하고 있는 국가 중 하나이다. 따라서 중국 시장의 매출비중이 높은 미디어텍은 앞으로 차량용 반도체 사업에서도 많은 혜택을 볼 수 있을 거로 예상되고 있다.

미디어텍은 지금까지 새로운 사업을 시작할 때 시행착오를 줄이기 위해 안정성이 입증된 이후 조금 늦은 시점에 해당 시장에 뛰어드는 전략을 구사해 오고 있다. 관련 기술이 안정화된 후 성능 개선속도가 둔화되는 시점에 시장에 진출하면 가성비 좋은 제품을 단시간에 양산하고 납품할 수 있기 때문이다.[18]

〈그림 24〉 미디어텍의 건물 전경

자료: 회사 자료

마찬가지로 미디어텍은 차량용 반도체 시장도 어느 정도 성숙한 시점인 2017년부터 시장에 뛰어들어 기술력을 높이고 제품을 다양화하고 있다. 이에 따라 미디어텍은 2017년부터 차량용 반도체 사업을 지속적으로 확대하는 중이다. 현재 완성차 기업들을 위해 ADAS, (mmWave)Radar, 인포테인먼트 그리고 텔레매틱스(Telematics) 등 4개 분야에서 다양한 솔루션을 제공한다.

---

18) 배유미, "AIoT 시장 진출하는 미디어텍, 배경은?" 바이라인네트워크 2022년 5월 12일
    (https://byline.network/2022/05/12-168/)

미디어텍은 이 4가지 애플리케이션에 주로 멀티미디어, 연결성과 센서 솔루션을 제공하고 있다. 미디어텍의 강점은 자동차 시장에서 부족한 전체적인 솔루션, 즉 자동차 시장에서 반도체를 중심으로 하나의 통합 패키지를 제공할 수 있다는 점이다.

미디어텍이 처음 출시한 제품은 ARM 코어를 활용한 MT2731이란 차량용 반도체이다. 이 칩은 저비용과 고성능 텔레매틱스 컨트롤 유닛(TCU) 기능을 구현한 게 특징이다. 특히 미디어텍은 세계에서 최초로 125℃ 온도조건에서 성능이 보장되는 AEC-Q100 G3 인증을 획득하였다. 이후 미디어텍은 고객들의 더욱 까다로워지고 있는 요구에 맞추어 지속적으로 더욱 다양한 종류의 칩을 제공하고 있다.

나아가 올해 미디어텍은 Wi-Fi 7이 내장된 칩을 출시할 예정이다. Wi-Fi 7은 데이터의 전송속도가 빠를 뿐만 아니라 지연시간이 짧다는 우수한 장점을 가지고 있다. 나아가 대용량 콘텐츠와 고사양 클라우드 게임에도 활용할 수 있기 때문에 자율주행차에 반드시 필요한 칩이다. 뿐만 아니라 최근 미디어텍은 인텔 파운드리의 첨단공정 기술을 활용하여 칩을 생산하기 위해 인텔과 전략적인 파트너십을 맺게 되었다.

처음부터 TSMC에 위탁생산을 맡겨온 미디어텍은 TSMC의 애플 다음으로 최대 고객이었지만 미래의 불확실성을 해소하기 위해 더블 벤더(Double Vendor)를 활용하는 전략으로 바꾸었다. 특히 최근 인텔이 차량용 반도체 파운드리 사업에 본격적으로 진출하였기 때문에 미디어텍은 인텔과의 협력으로 차량용 반도체 사업에 날개를 달

수 있을 거로 보인다.

아직까지도 미디어텍의 가장 중요한 사업은 모바일용 AP이다. 하지만 앞으로 모바일용 AP 시장은 성장의 한계가 있을 수밖에 없다. 따라서 미디어텍도 모빌리티 시장에 대비하기 위해 차량용 반도체 사업에 더 많은 노력을 기울일 거로 예상하고 있다.

❸ 파운드리 기업
(Foundry Company)

파운드리 기업은 팹리스 기업이 설계한 반도체를 전문적으로 제조해 주는 기업이다. 제조기반의 사업이기 때문에 고객이 원하는 반도체를 원하는 시점에 적절하게 제공하는 능력이 중요한 서비스 비즈니스이다. 최근 차량용 반도체의 수요증가로 인해 넘쳐나는 고객들의 수요를 충분하게 충족시킬 수 없었던 이유로 가격이 급등하여 파운드리 기업들의 실적이 크게 향상되었다.

앞으로도 차량용 반도체의 부족난은 언제든지 발생할 수 있지만 파운드리 사업에 새롭게 진입할 수 있는 기업은 거의 없을 거로 보인다. 파운드리 팹을 건설하는 비용이 많이 들고 제조기반의 경험과 노하우가 중요한 비즈니스이기 때문이다. 파운드리 기업은 크게 2가지로 구분할 수 있다. 첫째, 성숙공정의 반도체를 생산하는 파운드리 기업이다. 이 기업은 주로 8인치 웨이퍼로 생산하고 있는 기업과 12인치 웨이퍼로 생산하고 있는 기업이 있다. 8인치는 주로 차량용 반도체를 생산하는 기업들이고 12인치는 기타 다른 반도체를 생산하는 기업들이다. 대부분의 파운드리 기업이 여기에 속한다. 둘째, EUV 공정을 이용하여 첨단 반도체를 생산하는 파운드리 기업이다. 여기에 해당하는 기업엔 TSMC, 삼성전자와 인텔이 있다.

과거 차량용 반도체는 주로 8인치에서 생산되는 아날로그 반도체가 메인이었다. 하지만 최근 전기자동차와 자율주행차가 생산되기 시작하면서 12인치에서 생산되는 반도체가 늘어나고 있으며 EUV 공정에서 생산되는 첨단 성능의 반도체도 증가하고 있다. 이에 따라 기존 성숙공정의 파운드리 기업뿐만 아니라 첨단공정의 파운드리 기업의 수요도 급속하게 증가하고 있다.

모빌리티 시대로의 진입에 따라 차량용 반도체의 수요도 급증하고 있기 때문에 앞으로 파운드리 기업의 전망도 밝은 편이다. 나아가 최근 완성차 기업들의 반도체 내재화의 전략에 따라 완성차 기업들의 파운드리 수요가 증가하고 있다. 뿐만 아니라 빅테크 기업들도 반도체를 직접 설계하고 있기 때문에 파운드리 수요는 더욱 늘어나고 있는 추세라 할 수 있다.

(1) TSMC(Taiwan Semiconductor Manufacturing Company)

TSMC는 파운드리 기업 1위로 다양한 애플리케이션의 반도체를 위탁받아 생산하고 있다. TSMC의 차량용 반도체는 주로 28nm 공정에서 생산되며 2011년부터 28nm 공정으로 제품을 만들기 시작하였다. TSMC에서 주로 생산하고 있는 제품은 인피니언, NXP, ST 마이크로와 르네사스 등의 전문 차량용 반도체 기업들로부터 위탁받은 MCU가 대표적이다. 나아가 TSMC는 엔비디아 그리고 퀄컴 등과 같은 EUV 공정을 사용하는 고객들의 고성능 차량용 반도체도 90% 이상 수주하여 생산하고 있다.

몇 년 전 차량용 반도체가 부족하여 주요 완성차 기업들이 있는 미국과 유럽 정부에서 TSMC가 차량용 반도체를 생산해 줄 수 있도록 대만 정부에 요청한 적이 있다. 이 정도로 TSMC의 차량용 반도체에 대한 영향력은 매우 크다고 볼 수 있다. 어떻게 보면 이번 차량용 반도체의 대란은 TSMC가 충분한 물량을 생산해 줄 수 없었기 때문에 발생된 문제로도 볼 수 있다.

특히 TSMC는 전 세계 70% 정도의 차량용 반도체를 생산하고 있는 거로 알려져 있다. 대부분의 전문 차량용 반도체 기업이 TSMC에 위탁생산을 맡기고 있기 때문이다. TSMC의 차량용 반도체에 대한 매출은 몇 년 전만 해도 전체 매출에서 불과 4% 정도밖에 되지 않았다. 하지만 최근 차량용 반도체의 부족으로 TSMC의 차량용 반도체에 대한 매출이 급증하고 있는 추세이다.

결과적으로 TSMC는 미국과 유럽 정부의 요청을 받아들여 차량용 반도체를 생산하기로 결정하고 2021년엔 2020년보다 60% 정도 생산량을 늘리기도 하였다. TSMC가 이렇게 할 수 있었던 이유는 차량용 반도체 시장이 급성장하고 있을 뿐만 아니라 차량용 반도체의 가격이 급등하여 적절한 마진도 취할 수 있었기 때문이다.

<그림 25> TSMC의 건물 전경

자료: 회사 자료

    나아가 TSMC는 차량용 반도체의 부족한 물량을 감당하기 위해 중국 난징에 28nm 공정의 차량용 반도체 팹을 건설하였으며 2023년 초부터 본격적으로 양산을 하고 있다. 그리고 일본 구마모토에도 차량용 반도체 생산을 위해 팹을 건설하고 있으며 2024년 말 완공될 예정이다. 여기에서 생산되는 차량용 반도체는 주로 소니를 비롯한 일본 자동차 관련 기업들에 공급될 전망이다. 나아가 TSMC는 미국 애리조나주에 차량용 반도체 생산을 위해 팹을 건설하고 있다. 뿐만 아니라 TSMC는 독일 드레스덴에 팹을 건설하여 NXP와 인피니언 등이 설계한 차량용 반도체를 생산할 예정이며 싱가포르에도 차량용 반도체 팹의 건설을 추진하고 있다. 이들 팹이 모두 완공되는 시점이 되면 차량용 반도체의 부족도 거의 해결될 수 있을 거로 전망한다.

    한편 최근 경기불황에 따라 반도체의 수요가 점차적으로 꺾이고 있는 추세임에도 불구하고 TSMC는 실적에 대해 불안해하지 않고 있는 모습이다. TSMC가 걱정하고 있지 않는 이유는 바로 차량용 반도체의 수요가 지속적으로 증가되고 있을 뿐만 아니라 점차적으로 모빌리티용 반도체의 수요로도 확장되고 있기 때문이다.

TSMC는 차량용 반도체를 설계하는 많은 고객을 보유하고 있으므로 부족한 기존의 스마트폰과 PC 등에 사용되는 반도체의 수요를 충분하게 대체할 수 있을 거로 보고 있다. 앞으로도 TSMC가 전체 고객들로부터 수주할 수 있는 물량은 계속해서 증가할 거로 예상된다.

최근 TSMC는 카리아드와 ST 마이크로가 공동 개발한 MCU인 스텔라(Stellar)를 위탁받아 생산하고 있다. 나아가 TSMC는 도요타의 계열사이며 전 세계 2위 자동차 부품기업인 덴소를 통해 도요타와 협력 관계를 맺고 있을 뿐만 아니라 GM과도 협력 관계를 맺었다. 앞으로 TSMC는 애플카의 자율주행용 AI 반도체의 생산에도 큰 역할을 할 거로 보인다. 이에 따라 TSMC는 지금의 차량용 반도체 시장뿐만 아니라 곧 다가올 미래의 모빌리티용 반도체 시장에서도 굳건한 지위를 가질 수 있을 거로 예상할 수 있다.

(2) UMC(United Microelectronics Corporation)

UMC는 대만의 파운드리 기업으로 다양한 애플리케이션의 반도체를 고객으로부터 위탁받아 생산하고 있다. UMC는 대만 신주와 타이난, 중국 쑤저우 그리고 싱가포르 등에서 주로 전력반도체와 MCU를 제조하고 있으며 대부분 칩은 차량용에 쓰이고 있다.

UMC는 55nm, 40nm와 28nm 공정에서 차량용 반도체를 제조한다. 특히 UMC는 200mm 팹에서 차량용 반도체를 주로 생산하고 있다. 200mm 팹에서 생산되고 있는 주요 제품은 이미지센서, 전력반도체, DDI와 MCU 등을 포함한 각종 아날로그반도체이다.

UMC는 코로나 19로 차량용 반도체의 부족사태가 발생하였을 때 차량용 반도체 생산비율이 10%에 근접하여 TSMC에 비해 비교적 높은 편이었다. 그럼에도 불구하고 최근 UMC도 부족한 차량용 반도체를 최대한 공급하기 위해 생산능력을 늘리고 있다. 이에 따라 최근 UMC는 싱가포르에 팹을 건설하고 있으며 빠르면 2024년 말 생산이 가능할 전망이다. 이 팹에선 주로 22nm에서 28nm까지의 차량용 반도체를 생산할 거로 보인다.

UMC는 대만 타이난에 건설 중인 팹 12A Phase 6에서도 차량용 반도체 생산을 위해 28nm 공정을 운영할 예정이다. 특히 삼성전자 시스템LSI 사업부는 구형 반도체의 생산을 UMC에 맡기고 팹 12A Phase 6에도 투자를 하였다. 이 팹은 주로 8인치의 28nm 공정으로 생산되고 있는 제품은 전력반도체, 디스플레이 구동 칩과 이미지센서 등이며 차량에도 사용된다.

이외에도 UMC의 고객들은 TSMC와 마찬가지로 유럽의 인피니언, NXP와 ST 마이크로 등으로 주로 MCU를 생산하고 있다. UMC의 공정은 최고 공정이 14nm까지만 가능하기 때문에 EUV

공정을 활용한 고성능 반도체는 생산할 수 없는 상황이다. 하지만 UMC는 고객의 70% 정도가 3~6년의 장기계약을 맺고 있다는 게 비즈니스에 안정감을 주고 있다.

〈그림 26〉 UMC의 건물 전경

자료: 회사 자료

나아가 덴소는 UMC와 파트너십을 맺고 빠르면 올해부터 일본에 위치한 UMC의 팹에서 300mm 웨이퍼로 전기자동차용 전력반도체를 생산하게 된다. 이에 따라 덴소는 200mm 웨이퍼를 사용할 때보다 비용을 약 20% 절감할 수 있게 되었다.

더욱이 UMC는 차량용 반도체 사업을 원활하게 진행할 수 있도록 제조하는 차량용 반도체에 대해 AEC-Q100 인증을 취득하여 신뢰성을 확보하고 있다. 그리고 모든 제조공정에서 IATF16949란 자동차 품질관리시스템에 대한 인증도 취득하였을 뿐만 아니라

2022년엔 자동차 기능 안전규격인 ISO 26262 ASIL-D Ready도 획득하였다.

최근 UMC는 벨기에 IMEC(마이크로전자연구센터)과 협력하여 차세대 GaN 전력반도체의 개발을 추진하고 있다. 그리고 이 칩은 주로 전기자동차에 사용되고 6인치로 GaN 반도체의 개발을 마치고 나면 8인치로 GaN 반도체도 개발할 예정이다. 뿐만 아니라 UMC는 SiC 반도체도 개발을 추진하겠다는 방침이다.

한편 최근 미국 바이든 정부는 주요 자동차 생산지인 미시간주 디트로이트에 UMC가 차량용 반도체를 생산할 수 있도록 300mm 팹의 건설을 설득하고 있다. 이 팹은 20nm대의 팹이 될 거로 보여 TSMC, 인텔 그리고 삼성전자와 경쟁하지는 않을 예정이다.

최근 UMC는 늘어나고 있는 차량용 반도체의 수요에 대응하려 신규 팹을 건설하는 등 투자를 지속적으로 늘리고 있다. 따라서 UMC는 다가오고 있는 새로운 모빌리티 시대에도 중요한 역할을 수행할 수 있을 거로 예상하고 있다.

(3) 글로벌파운드리(Globalfoundries)

글로벌파운드리는 미국의 파운드리 기업으로 AMD의 제조부문에서 분리되어 설립된 기업이다. 글로벌파운드리는 UMC와 경쟁 관계이며 시장점유율도 양사가 그리 많은 차이가 나지 않고 있다.

글로벌파운드리는 차량용 반도체 사업에 집중하면서 몇 년 전 뉴

욕증시에 상장할 수 있었다. 그리고 글로벌파운드리는 상장하기 전까지 적자를 보기도 하였으나 상장 후 차량용 반도체 사업에 더욱 집중하면서 실적이 크게 향상되고 있다. 특히 최근 차량용 반도체의 부족으로 가격을 올릴 수 있었던 게 실적에 긍정적 영향을 미치게 되었다. 결과적으로 전 세계적인 차량용 반도체의 부족사태는 글로벌파운드리에 엄청난 기회가 되었다.

글로벌파운드리의 차량용 반도체에 대한 비중은 과거 6% 정도에 머물렀으나 앞으로는 15%까지 가능할 거로 예상한다. 아울러 글로벌파운드리가 주로 생산하고 있는 차량용 반도체는 ADAS에 들어가는 다양한 칩과 MCU이다.

앞으로 글로벌파운드리는 늘어나는 차량용 반도체의 수요에 대비하기 위해 생산능력을 확대하고 미국, 독일과 싱가포르에도 새로운 팹을 건설하거나 증설하고 있다. 특히 글로벌파운드리는 2023년까지 약 66억 달러의 새로운 투자를 진행할 예정이다. 이런 투자규모는 다른 경쟁 기업과 비교해 매우 높은 금액이다. 그리고 글로벌파운드리는 ST 마이크로와 함께 프랑스 크롤 지역에 12인치 팹을 건설하기로 결정하였다. 이 팹에선 차량용 반도체를 생산할 예정이며 주로 유럽의 차량용 반도체 기업들을 대상으로 다양한 칩을 공급하게 될 거로 보인다. 이 팹에 투자하게 되는 금액은 57억 유로이며 여기엔 프랑스 정부에서 제공한 보조금도 포함이 되어 있다.

<그림 27> 글로벌파운드리가 ST 마이크로와 같이 건설 중인 팹 전경

자료: ST 마이크로 자료

　글로벌파운드리는 인텔이 파운드리 사업에 진출하기 전까지 미국의 유일한 파운드리 기업이었다. 그리고 미국의 제조부문 리쇼어링 정책(Reshoring Policy)에 따라 미국 정부의 적극적 지원을 받을 수 있는 기업이기도 하다. 하지만 아쉽게도 글로벌파운드리는 10nm대 공정이 한계로 더 이상 상위 공정엔 진입하지 않을 계획이다. 그리고 글로벌파운드리는 주로 28nm 이상의 공정이 대부분을 차지하고 있다.

　한편 글로벌파운드리는 고객들과 장기계약이 비교적 많으며 이미 수주금액은 200억 달러를 넘어서고 있는 거로 알려져 있다. 최소 앞으로 4년간의 사업은 이미 보장이 된 상황이다. 이에 따라 글로벌파운드리는 다른 반도체 기업들보다 투자를 안정적으로 진행할 수 있다는 이점을 가지고 있다.

　특히 미국엔 GM과 포드뿐만 아니라 그밖에도 많은 완성차 기업이 있어 글로벌파운드리의 차량용 반도체 사업의 전망은 밝은 편이다. 그리고 포드는 이미 글로벌파운드리와 차량용 반도체의 생산을 위해 파트너십을 맺기도 하였다. 뿐만 아니라 독일의 BMW도 글로벌파운드리와 연간 수백만 개의 차량용 반도체 공급계약을 체결하였다. 이외에도 글로벌파운드리는 차량용 반도체를 위탁하고 있는 고객으로 보쉬, 폭스바겐, NXP와 인피니언 등을 보유하고 있다.

앞으로도 글로벌파운드리는 미국 정부의 지원과 완성차 기업들의 반도체 수요증가로 인해 차량용 반도체 사업에서 큰 성장이 기대되고 있다. 나아가 완성차 기업들의 모빌리티 기업으로의 전환은 글로벌파운드리에 더욱 큰 기회를 제공할 수 있을 거로 전망된다.

(4) SMIC(Semiconductor Manufacturing International Corporation)

SMIC는 중국 최대 규모의 파운드리 기업으로 미국의 제재를 받고 있는 기업이다. 그리고 SMIC는 시진핑 국가주석이 국운을 걸고 육성하고 있는 기업으로서 최대주주는 국가기관이며 사실상 국영기업에 가깝다. 몇 년 전 미국의 제재로 타격을 받기도 하였지만 차량용 반도체 부족사태에 힘입어 실적이 지속적으로 향상되고 있다. 실제로 SMIC는 차량용 반도체의 부족으로 인해 가장 큰 수혜를 입은 기업이다.

특히 SMIC는 미국의 제재로 EUV 공정의 고성능 반도체 대신 28㎚ 반도체의 생산에 집중해 오고 있다. 그리고 SMIC는 28㎚ 공정으로 이미지센서, MCU와 인포테인먼트용 AP 등의 차량용 반도체를 생산하고 있다. SMIC는 수출보다는 탄탄한 내수를 기반으로 성장하고 있다. 이런 배경엔 중국에 팹리스 기업이 수천 개에 이르고 있기 때문이다.

현재 SMIC는 조인트벤처(Joint Venture) 형태로 상하이에 88억 7,000만 달러(약 11조 6,000억 원) 규모의 대규모 팹을 건설하고 있다. 이 팹은 매달 12인치 웨이퍼 10만 장을 생산할 수 있으며 28nm 공정으로 차량용 반도체도 생산하게 된다. 나아가 2022년 SMIC는 약 50억 달러(약 6조 1,000억 원)를 추가로 투자하여 팹의 생산능력을 8인치 기준으로 15만 장으로 늘렸다. 이 밖에도 SMIC는 베이징과 선전에도 팹을 추가로 증설하여 생산능력을 확충하고 있다. 앞으로도 SMIC는 지속적으로 차량용 반도체의 생산능력을 늘려 나아간다는 방침이다.

SMIC의 차량용 반도체 애플리케이션 분야는 〈그림 28〉과 같이 3가지이다. 즉 디지털 부문, 아날로그 부문과 센싱 부문이다. SMIC의 차량용 반도체는 주로 28nm부터 0.18um까지의 공정에서 제조되고 있다. 중국은 최대 전기자동차 생산국가 중 하나이기 때문에 중국 내 차량용 반도체의 수요만으로도 실적을 올리기에 충분하다.

<그림 28> SMIC의 차량용 반도체에 대한 애플리케이션 분야

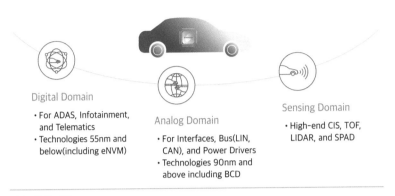

Digital Domain
- For ADAS, Infotainment, and Telematics
- Technologies 55nm and below(including eNVM)

Analog Domain
- For Interfaces, Bus(LIN, CAN), and Power Drivers
- Technologies 90nm and above including BCD

Sensing Domain
- High-end CIS, TOF, LIDAR, and SPAD

자료: 회사 자료

    한편 최근 SMIC는 7nm 공정의 개발에 성공했다는 소식이 들리고 있다. SMIC의 7nm 공정에 대한 성공은 파운드리 업계에 지각변동을 일으킬 수 있는 놀라운 소식이다. 캐나다 반도체 분석기업인 테크인사이츠(TechInsights)는 중국 비트코인 채굴업체 마이너바(MinerVa)의 채굴기기에 내장된 칩을 분석해 SMIC가 7nm 공정개발에 성공했다고 판단하였다. SMIC는 최근 자체 개발한 7nm 공정 기반의 반도체를 중국 비트코인 채굴 장비 기업인 마이너바에 공급한 적이 있다.[19] 뿐만 아니라 현재 SMIC는 5nm와 3nm 공정도 개발을 진행하고 있다는 소식도 들리고 있다. 만약 사실이라면 SMIC는 고성능의 차량용 반도체 시장에서도 큰 영향력을 발휘할 수 있게 된다. 앞으로 본격적인 모빌리티 시대로의 진입에 따라 고성능 반도체

---

19) 이승호, "'삼성 · TSMC만의 그 반도체 기술…' 中 SMIC, 美 제재 뚫고 성공" 중앙일보 2022년 7월 27일 (https://www.joongang.co.kr/article/25090111#home)

의 시장이 매우 커질 거로 예상되고 있다. 결과적으로 SMIC는 모빌리티용 반도체 시장에서도 유리한 고지를 점할 수 있게 된다.

하지만 SMIC의 급속한 성장에 따라 SMIC에 대한 미국의 제재는 더욱 강화될 전망이다. 최근 미국 정부는 ASML에 SMIC로 DUV(Deep Ultra-Violet) 장비마저도 판매를 금지시키고 있다. SMIC는 DUV 장비를 ASML로부터 대부분 수입하고 있다. 따라서 SMIC가 미국의 제재를 어떤 식으로 현명하게 대처해 나아갈 수 있느냐에 따라 앞으로의 성과가 크게 달라질 거로 예상하고 있다.

(5) DB 하이텍(DB Hitek)

DB 하이텍은 주로 8인치 웨이퍼로 다양한 아날로그반도체를 제조하고 있다. 특히 2001년 DB 하이텍은 시스템반도체 영역인 파운드리 사업을 국내에선 처음으로 야심차게 시작하였다. 하지만 DB 하이텍의 파운드리 사업은 13년 동안 부진하여 매각을 시도한 적도 여러 번 있었다.

그럼에도 불구하고 지금은 많은 반도체 수요에 따라 DB 그룹 내에서도 가장 우량한 기업으로 급부상하였다. 특히 최근 DB 하이텍은 코로나 19 사태로 차량용 반도체 공급부족의 상황에서 수익성이 지속적으로 좋아지고 있다. 그리고 DB 하이텍은 차량용 반도체로 전력반도체, 모터구동반도체와 인포테인먼트 등에 쓰이는 반도체 등 20여 개 제품을 고객에 공급하고 있다. 나아가 DB 하이텍은

0.35um부터 90nm에 이르는 공정기술로 고객의 다양한 수요에 맞추어 파운드리 서비스를 제공하고 있다.

최근 DB 하이텍은 차량용 반도체 관련 공정기술에 대한 R&D를 진행하면서 성장동력으로 이어갈 새로운 사업에 도전하게 되었다. 이에 따라 DB 하이텍은 차세대 전력반도체로 주목받는 SiC와 GaN 반도체의 생산을 위한 공정기술을 개발하고 있다. DB 하이텍은 이번 개발로 파운드리 사업을 더욱 확장할 수 있을 거로 보고 있다.

물론 DB 하이텍의 차량용 반도체 사업은 본격적으로 시작한지 얼마 되지 않았기 때문에 매출이 아직 그리 크지는 않다. 하지만 DB 하이텍은 차량용 반도체 사업을 기업의 핵심사업으로 결정하고 투자를 아끼지 않고 있다. 이를 바탕으로 DB 하이텍은 늘어나고 있는 전기자동차와 자율주행차의 다양한 반도체 수요를 집중적으로 공략할 예정이다.

〈그림 29〉는 DB 하이텍의 차량용 반도체에 대한 애플리케이션이다. DB 하이텍은 자동차의 5가지 부문에 대한 다양한 반도체를 생산하고 있다. 즉, 시스템 전원 및 연결, 배터리관리, 엔진관리, 차체통제와 안전 부문이다.

나아가 DB 하이텍은 자동차에 사용이 늘어나고 있는 MCU뿐만 아니라 3D 센싱 모듈용 이미지센서와 같은 자율주행차용 반도체의 제조공정을 이미 확보해둔 상태이다. 그리고 지속적인 공정의 효율화 등으로 월 13만 5천 장이었던 생산량을 월 15만 장까지 늘리는 계획을 세우게 되었다. 아울러 DB 하이텍은 현재 경기도 부천과 충

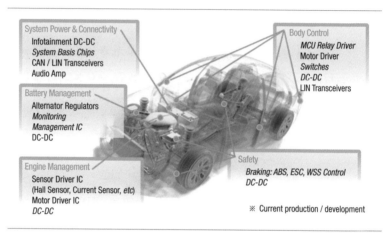

<그림 29> DB 하이텍의 차량용 반도체 애플리케이션 부문

System Power & Connectivity
Infotainment DC-DC
System Basis Chips
CAN / LIN Transceivers
Audio Amp

Battery Management
Alternator Regulators
Monitoring
Management IC
DC-DC

Engine Management
Sensor Driver IC
(Hall Sensor, Current Sensor, *etc*)
Motor Driver IC
DC-DC

Body Control
MCU Relay Driver
Motor Driver
Switches
DC-DC
LIN Transceivers

Safety
Braking: ABS, ESC, WSS Control
DC-DC

※ Current production / development

자료: 회사 자료

청북도 음성에 제조시설을 보유하고 있으며 두 제조시설의 가동률은
2019년 4월부터 거의 100%에 달한다. 뿐만 아니라 DB 하이텍은 차
량용 반도체의 제조가격 상승과 수요확대에 따라 가격을 올릴 수 있
게 되어 이익률도 지속적으로 상승하고 있는 추세로 앞으로의 전망
도 밝은 편이다.

특히 DB 하이텍은 국내에 현대자동차란 완성차 기업이 있기 때
문에 차량용 반도체 사업을 진행하기 유리한 상황이다. 그리고 현대
자동차를 비롯한 많은 완성차 기업이 모빌리티 기업으로 전환하고
있기 때문에 DB 하이텍에도 많은 기회가 있을 거로 전망하고 있다.
특히 앞으로 모빌리티는 UAM, PBV와 로봇 등으로 확장되기 때문
에 DB 하이텍은 미래에도 기대가 되는 기업이라 할 수 있다.

④ 국내 주요 차량용 반도체 관련 기업

국내 차량용 반도체 비즈니스의 기반은 매우 취약한 실정이다. 국내 반도체 기업들의 차량용 반도체 글로벌 시장점유율은 아직 불과 3% 정도밖에 되지 않을 정도이기 때문이다. 특히 기존 글로벌 전문 차량용 반도체 기업들이 차량용 반도체 시장을 과점하고 있었기 때문에 시장에 진입하는 게 쉽지 않았다. 그리고 차량용 반도체는 까다로운 스펙으로 인해 진입장벽이 매우 높은 사업이었기 때문에 소규모의 반도체 기업들이 시장에 진입하는 건 엄두도 내기 어려운 일이었다.

하지만 최근 코로나 19로 인한 차량용 반도체 부족난이 심화되고 차량용 반도체의 수요가 크게 증가하고 있는 상황에서 국내 반도체 기업들에도 새로운 기회가 생기고 있다. 자사의 반도체 부족난을 해결하기 위해 많은 고객이 적극적으로 새로운 공급처를 찾고 있는 상황이기 때문이다(하지만 EUV 장비를 사용하는 차량용 반도체 시장은 대기업을 제외하면 아직 진입하고 있는 기업이 거의 없는 상황이다). 이에 따라 팹리스 기업들 뿐만 아니라 비교적 작은 규모의 IDM 기업들도 차량용 반도체 사업에 적극적으로 뛰어들고 있다. 물론 대부분의 국내 반도체 기업이 차량용 반도체 사업을 시작한 지 불과 몇 년밖에 되지 않았기 때문에 아직 눈에 보이는 성과는 그리 크지 않은 상황이다.

하지만 최근 차량용 반도체는 모빌리티까지 탑재가 확대되고 있는 상황이기 때문에 앞으로 큰 기대를 걸어볼 수 있는 시장이다. 특히 국내 반도체 기업들은 기존 차량에 많이 사용되고 있는 MCU와 같은 차량용 반도체의 개발뿐만 아니라 전기자동차와 자율주행차에 주로 사용되는 화합물 전력반도체의 개발에도 뛰어들고 있는 상황이 다. 앞으로 화합물 전력반도체는 시장의 성장률이 매우 높을 뿐만 아 니라 시장을 선점하고 있는 기업들도 아직 거의 없는 상태이다. 따라 서 국내 반도체 기업들도 화합물 전력반도체 시장을 먼저 선점하기 위해 적극적으로 진입하고 있다.

(1) LX 세미콘(LX Semicon)

LX 세미콘은 유일한 대기업 계열의 팹리스 기업으로 국내 팹리 스 기업 중 Top이며 전 세계에선 Top 20위를 기록하고 있다. 그동안 LX 세미콘은 각종 디스플레이에 들어 가는 DDI와 T-con 위주의 사업을 바탕으로 지속적으로 성장하여 매출도 2조 원 정도 되고 있 다. 하지만 LX 세미콘은 지금까지 DDI에 지나치게 편중된 사업의 리스크를 줄이고 더 큰 성장의 발판을 마련하기 위해 새로운 성장동 력으로 차량용 반도체 사업에 뛰어들게 되었다. 아울러 LX 세미콘은 이미 완성차 기업인 현대자동차와 다임러에 차량용 반도체를 공급하 면서 차량용 반도체 사업에 대한 확신을 얻게 되었다. 이에 따라 최 근 차량용 반도체 사업을 본격적으로 확대하려 노력을 기울이고 있 다. 그리고 LX 세미콘은 차량용 반도체를 담당하는 조직을 확대하여 오토(Auto) 개발담당 부서를 신설하였다.

현재 LX 세미콘은 새로운 사업으로 SiC 반도체, 전력반도체, MCU, 디스플레이 반도체와 배터리관리시스템(BMS) 반도체 등의 다양한 차량용 반도체의 개발을 진행하고 있다. SiC 반도체의 경우 LG 이노텍의 SiC 반도체 소자 설비와 특허자산을 모두 인수하면서 뛰어들게 되었다.

〈그림 30〉 LX 세미콘의 본사 전경

자료: 회사 자료

얼마 전 LX 세미콘은 차량용 반도체 사업을 강화하기 위해 차량용 반도체를 설계하는 기업인 텔레칩스의 지분을 취득하고 2대 주주에 오르기도 하였다. 이에 따라 LX 세미콘은 텔레칩스와 공동 기술 개발을 진행하면서 차량에 쓰이는 SoC와 MCU의 기술력을 강화할 예정이다. 나아가 2022년 말 완공된 경기도 시흥시의 차량용 반도체의 열을 방출시키는 방열기판 공장으로 차량용 반도체 사업을 더욱 강화할 수 있을 전망이다. 뿐만 아니라 최근 LX 세미콘은 차량용 반도체의 설계 사업을 진행하고 있는 매그나칩 반도체도 적극적으로 인수를 추진하고 있다. 만약 인수에 성공하게 되면 LX 세미콘은 차량용 반도체 사업을 더욱 강화할 수 있을 거로 예상된다.

그동안 LX 세미콘은 오랜 기간의 DDI 설계를 통해 디스플레이 기술을 축적해 올 수 있었다. 이런 디스플레이 기술은 대형화와 곡면화가 주를 이루게 될 차량용 디스플레이 환경에 최적화된 설계를 가능하게 한다. 특히 차량이 자율주행으로 전환되면 디스플레이는 차량 내부의 곳곳에 사용될 수밖에 없다. 이에 따라 LX 세미콘의 디스플레이 반도체도 차량에 많이 쓰일 거로 보인다. 나아가 LX 세미콘은 차량용 인포테인먼트 관련 반도체로도 사업을 확대하려 노력하고 있다.

현재 LX 세미콘은 새로운 성장동력을 다가올 모빌리티에서 찾는 전략을 구상하고 있다. LX 세미콘은 2021년 마이크로소프트와 3D 비행시간 거리측정(ToF) 센싱시스템의 개발을 위한 업무협약을 체결하였다. 이 기술은 미래 모빌리티와 연관성이 있는 신사업이라 볼 수 있다. 3D 비행시간 거리측정은 기기에서 쏜 레이저가 사물에 반사되어 되돌아오는 시간을 측정해 사물과 기기와의 거리를 측정하는 기술로 자율주행차용 카메라에 주로 쓰인다.[20] 라이다의 경우도 3D 비행시간 거리측정 센싱 모듈이 사용되고 있다.

앞으로 LX 세미콘은 차량용 반도체 사업을 통해 기업의 신성장동력을 찾을 수 있을 거로 보인다. 특히 자동차가 모빌리티로 발전하면서 LX 세미콘에 새로운 기회가 될 수 있을 거로 전망하고 있다.

(2) 제주반도체(Jeju Semiconductor)

제주반도체는 국내에 몇 개 되지 않는 메모리반도체를 설계하는 팹리스 기업으로 80% 정도가 엔지니어로 구성되어 있다. 국내 팹리스 기업 중에선 규모가 큰 기업에 속하고 매출도 2천억 원이 넘는다. 현재 제주반도체는 세계 메모리반도체 팹리스 기업 순위에서 대만 ESMT, ISSI 그리고 중국 기가디바이스(Giga Device) 다음으로 글로벌 순위 4위를 기록하고 있다. 제주반도체는 차량용 반도체 사업을 집중적으로 키워서 중장기적으로 글로벌 순위 1위에 오른다는 목표를 가지고 있다.

이에 따라 2021년 제주반도체는 중장기적인 목표를 가지고 본격적으로 차량용 메모리반도체 시장에 진입을 시작하였다. 특히 앞으로 제주반도체는 차량용 반도체 사업을 지속적으로 키워 전체 매출 중 50% 이상으로 확대한다는 방침이다. 이를 위해 해외의 다양한 완성차 기업들을 대상으로 영업활동을 진행하고 있다. 특히 제주반도체는 차량용 반도체가 진입장벽이 매우 높은 대신 일단 공급망의 진

---

20) 강용규, "LX 세미콘 차량 관련 반도체 확장, 구본준 모빌리티에서 성장동력 찾아" 비즈니스포스트 2021년 9월 14일 (https://www.businesspost.co.kr/BP?command=article_view&num=250321)

입에 성공하게 되면 장기적으로 공급이 가능하다는 거를 잘 알고 있다. 이런 이유로 제주반도체는 당장 매출을 올리는 거보다 새로운 고객의 확보에 중점을 두고 있다. 그리고 제주반도체는 차량용 부품 신뢰성 인증인 AEC-Q100을 다수 제품에 대해 취득하였으며 다른 제품에도 지속적으로 확대해 나아갈 계획이다.

앞으로 자율주행차는 도로에 있는 장애물을 인식하면서 운행하게 된다. 따라서 디바이스 간 서로 원활한 통신이 필요하다. 이런 디바이스들은 고용량이 필요하지 않아 저용량의 메모리반도체가 들어간다. 이게 제주반도체가 잘 할 수 있는 분야이다. 제주반도체의 차량용 반도체 사업은 지속적으로 커지고 있으며 앞으로는 회사의 주요 사업으로 자리를 잡게 될 전망이다. 그리고 제주반도체의 차량용 메모리반도체는 비상호출시스템(eCall)과 노변기지국(RSU) 등 V2X에 주로 사용된다. 또한 고객으로부터 차량용 메모리반도체를 주문받게 되면 파워칩(PSMC)과 윈본드(Winbond)와 같은 대만 파운드리 기업에 제품의 생산을 위탁한다. 나아가 후공정은 과거엔 대만 기업을 주로 사용하였지만 지금은 국내에 있는 기업을 이용하고 있다.

제주반도체가 주로 취급하고 있는 차량용 반도체는 MCP(Multi Chip Package), DRAM과 낸드플래시 등이다. 특히 제주반도체는 차량용 메모리반도체의 차별화된 공급을 위해 다양한 패키징과 테스트 솔루션을 보유하고 있다. 뿐만 아니라 자동차에 들어가는 MCU의 성능이 좋아질수록 메모리반도체가 더 많이 필요해지게 된다. 특히 최근 차량에 들어가는 MCU가 늘어나는 추세이기 때문에 제주반도체에 유리해지고 있다. 이에 따라 제주반도체는 모빌리티 시장의 확대에 대비해 충분한 생산능력을 확보하면서 제품의 라인업도 늘리고 있다.

〈그림 31〉 제주반도체의 조직도

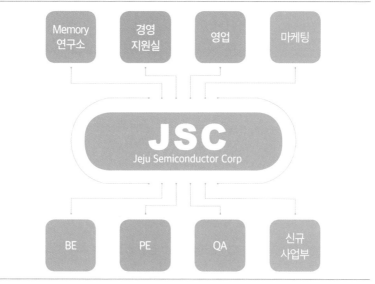

자료: 회사 자료

　뿐만 아니라 제주반도체는 차세대 고신뢰성의 지능형 메모리반도체(PIM)의 개발에도 착수하였다. 이 반도체는 메모리반도체 내에서 연산의 로직기능을 동시에 수행할 수 있는 신개념 융합반도체이다. 나아가 인공지능의 기능도 융합하여 차별화된 기능을 수행할 수 있을 거로 보고 있다. 이를 통해 제주반도체는 급성장하는 차량용 메모리반도체 시장에서 고객의 니즈에 맞는 기술을 제공하게 된다.

현재 제주반도체는 차량용 메모리반도체를 독일 아우디의 차량에 탑재시키고 있다. 나아가 앞으로 제주반도체의 차량용 메모리반도체를 탑재하게 될 완성차 기업들도 지속적으로 늘어날 전망이다.

(3) 텔레칩스(Telechips)

텔레칩스는 차량용 반도체를 중심으로 사업을 진행하고 있는 팹리스 기업이다. 매출의 95% 이상이 차량용 반도체일 정도로 차량용 반도체의 핵심기업이라 볼 수 있다.

텔레칩스는 주로 자동차에 들어가는 AP를 설계하고 있다. 퀄컴과 미디어텍과 같은 기업보다 한 세대 이상 뒤처지고 있지만 국내 팹리스 기업 중에서는 가장 첨단 기능의 반도체를 설계하고 있다. 텔레칩스가 만드는 AP는 주로 자동차의 인포테인먼트와 ADAS 부문에 들어가고 있다. 특히 텔레칩스는 자동차에서 요구되는 저전력 기술, 높은 수준의 보안과 안전성(ISO 26262)을 제공하고 있다.

나아가 텔레칩스는 2015년 국내에선 처음으로 차량용 AVN에 들어가는 AP를 현대자동차에 공급하였다. 지금도 현대자동차는 매출의 70% 이상을 차지할 정도로 주요 고객이다. 이를 통해 텔레칩스는 차량용 반도체 시장에서 탄탄한 성장의 기반을 다질 수 있었다. 뿐만 아니라 텔레칩스는 유럽의 완성차 기업들에 AP를 공급하고 있으며 중국 장안자동차의 HUD에도 AP를 납품하고 있다.

최근 텔레칩스는 코로나 19로 차량용 반도체의 부족사태를 겪으면서 실적도 증가해 부진에서 벗어나기도 하였다. 특히 그동안 매출의 30%가 넘는 금액을 R&D 분야에 투자하여 기술력을 높인 게 빛을 발하게 되었다. 그리고 전 세계적으로 부족이 심각했던 MCU 개발에도 성공하여 삼성 파운드리에 생산을 맡기고 있다. 특히 90% 이상 해외에 의존하던 MCU의 국산화에 기여하면서 앞으로의 실적에도 긍정적 영향을 미칠 수 있을 거로 기대되고 있다. 나아가 텔레칩스의 MCU는 많은 국내외 완성차 기업이 관심을 보이고 있다. 이 MCU는 8인치가 아닌 12인치의 웨이퍼로 28nm 공정에서 생산하고 있다.

〈그림 32〉 텔레칩스의 실적 추이 　　　　　　　　　단위: 억 원, 연결 기준

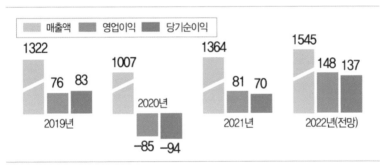

자료: 회사 자료

한편 텔레칩스는 비디오 코덱 IP를 설계하고 있는 칩스앤미디어(Chips & Media)를 계열사로 보유하고 있었지만 최근 일부 지분만 남기고 팔아 최대주주의 자리에서 물러나게 되었다. 차량용 반도체가 첨단공정으로 계속해서 발전하게 됨에 따라 R&D 자금이 필요하였

기 때문이다.

텔레칩스는 고객이 원하는 사양의 차량용 반도체를 경쟁 기업보다 빠르게 개발할 수 있는 능력을 갖추고 있다. 그럴 수 있는 건 R&D 비용을 아끼지 않고 과감하게 투자하고 있기 때문이다. 이와 같은 텔레칩스만의 강점은 앞으로도 새로운 고객을 확보하는 데 매우 유리할 거로 예상된다.

특히 텔레칩스는 NPU가 탑재된 비전 프로세서 시제품인 엔-돌핀(N-dolphin)을 개발하고 있다. 이 칩은 ADAS 카메라 데이터의 처리에 딥러닝을 활용할 수 있으며 자율주행차에 탑재될 예정이다.

앞으로 모빌리티로의 발전에 따라 AP의 수요는 계속 늘어날 전망이다. 나아가 고성능 AP의 수요도 덩달아 늘어날 거로 보여 텔레칩스는 이런 수요를 만족시키기 위해 새로운 AP를 지속적으로 개발하고 있다. 따라서 텔레칩스는 다양한 고객의 니즈를 만족시키는 동시에 고객에 새로운 가치를 전달해 줄 수 있을 거로 예상하고 있다.

(4) 어보브반도체(Abov Semiconductor)

어보브반도체는 2006년 매그나칩 반도체에서 독립한 기업이다. 어보브반도체는 MCU의 각종 고성능 IP에 대한 자체 개발능력을 보유하고 있기 때문에 다른 기업보다 MCU 설계에서 뛰어난 경쟁력을 가지고 있다. 특히 어보브반도체는 MCU 업계에서 30년 이상 오랜 기간의 경험을 바탕으로 글로벌 가전 MCU 시장에서 4위를 기록하고 있는 기업이다.

어보브반도체는 그동안 가전제품과 모바일용 MCU 사업에 집중해 왔으나 2021년부터 차량용 MCU 시장에 본격적으로 진출하였다. 가전과 모바일용 MCU만으로는 시장이 너무 작아 성장의 한계를 느끼고 있었기 때문이다. 이에 따라 어보브반도체는 차량용 MCU 시장에 진입하기 3년 전부터 대규모 투자를 바탕으로 R&D를 시작하였다. 그리고 어보브반도체가 처음 차량용으로 개발한 제품은 라이다용 MCU였다. 이를 바탕으로 ADAS용 MCU, 주차보조시스템(PAS)용 MCU 그리고 모바일 기기 충전용 MCU 등으로 개발을 확대하고 있다. 이와 같은 어보브반도체의 다양한 차량용 MCU의 개발로 조만간 현대자동차에 납품하게 될 가능성이 커지고 있다.

나아가 최근 어보브반도체는 반도체 패키징과 테스트 사업을 진행하는 후공정 전문 기업인 원팩의 지분을 인수하였다. 이를 통해 어보브반도체는 MCU를 제조하는 데 원가절감과 제품의 빠른 출시가 가능할 거로 보인다. 뿐만 아니라 2021년 어보브반도체는 키파운드리와도 차량용 반도체의 생산을 위해 협력한 적이 있다. 키파운드리의 2세대 플래시 메모리 내장형 0.13um BCD(Bipolar-CMOS-DMOS) 공정으로 어보브반도체가 차량용 UFC(Universal Fast Charger) MCU를 개발한 것이다(BCD 공정은 바이폴라(Bipolar), 상호보완모스(CMOS)와 이중확산모스(DMOS)를 한 개 칩에 구현해 고내압과 고신뢰성 등의 이점을 가지고 있어 전력반도체에 많이 사용된다).

어보브반도체의 차량용 MCU의 매출은 사업을 시작한 지 불과 2

년 정도밖에 되지 않았기 때문에 아직 거의 발생하지 않고 있다. 그리고 많은 MCU 제품이 기술개발이 진행되고 있기 때문에 양산이 본격화되는 시점까지 지켜볼 필요는 있다. 하지만 아직도 전 세계적으로 차량용 MCU의 부족사태가 이어지고 가격도 상승하고 있기 때문에 어보브반도체의 차량용 반도체 사업 전망은 밝은 편이다. 특히 어보브반도체의 차량용 급속충전 MCU는 완성차 기업의 전기차 모델에 조만간 적용될 거로 예상한다. 향후 5년간 어보브반도체의 차량용 MCU 매출은 범용 MCU보다 높은 성장률을 기록할 거로 기대하고 있다.

한편 어보브반도체는 2018년 텔레칩스와 반반씩 지분을 투자하여 오토실리콘(Autosilicon)이란 회사를 설립하였다. 오토실리콘은 차량용 배터리 전문 팹리스 기업이다. 최근 오토실리콘은 SK 온과 전량 수입에 의존하던 BMIC(Battery Monitoring Integrated Circuit)를 개발하여 주목받기도 하였다. 이 칩은 배터리의 안정성뿐만 아니라 충전과 방전의 효율성을 높이는 역할을 한다. 전기자동차 1대에 10개 이상 사용되는 핵심 칩이다.

앞으로 어보브반도체는 차량용 반도체 사업을 더욱 확대해 나아갈 예정이다. 기본적으로 MCU는 자율주행의 단계가 높아질수록 사용수량은 더욱 늘어날 수밖에 없다. 특히 앞으로 크게 성장할 각종 모빌리티에도 MCU가 많이 사용되어 어보브반도체의 성장 가능성도 클 거로 예상하고 있다.

<그림 33> 어보브반도체의 건물 전경

자료: 회사 자료

(5) 아이에이(IA)

아이에이는 자동차용 반도체 전문기업으로서 반도체 칩에서부터 모듈과 응용 솔루션까지 토털 솔루션을 제공하고 있다. 아이에이는 2016년 팹리스 기업으로서 처음으로 차량용 MCU를 상용화한 기업이다. 아이에이는 2010년 현대자동차와 현대모비스 부회장 출신인 김동진 회장이 대표이사로 취임하고 나서 기존의 통신모듈 사업에서 앞으로 크게 성장이 확실한 차량 모듈과 반도체 사업으로 전환하였다.

아이에이는 트리노테크놀로지(Trinno Technology), 오토소프트 (Autosoft)와 아이에이 파워트론(IA powertron) 등의 기업으로 그룹을 이루고 있다. 아이에이는 지주회사로 트리노테크놀로지 50.7%, 오토소프트 65.0% 그리고 아이에이 파워트론 57.2%의 지분을 가지고 있다. 트리노테크놀로지는 전력반도체 소자의 설계·개발·제조·판매를 담당하며 오토소프트는 반도체 소프트웨어의 개발과 검증을 맡고 있다. 그리고 아이에이 파워트론은 모듈영역을 담당하고 있으며 웨이퍼는 중국합작법인에서 생산하고 있다.[21] 이에 따라 아이에이는 차량용 반도체의 설계부터 생산까지 해결할 수 있는 시스템을 구축할 수 있게 되었다.

아이에이는 주로 전력반도체를 취급하고 있다. 그리고 자회사인 트리노테크놀로지는 전기자동차로의 급속한 발전에 따라 사업을 SiC 반도체에 중점을 두게 되었다. 트리노테크놀로지는 SiC 반도체를 몇 년 전 이미 개발하였다. 양산은 2024년부터 본격적으로 시작할 예정이며 직접 생산을 위한 부지도 이미 확보한 거로 알려지고 있다.

현재 아이에이는 주로 인포테인먼트 분야와 바디/샤시 분야의 사업을 진행하고 있지만 앞으로는 파워트레인 분야까지 확대해 나아갈 예정이다. 아이에이의 주요 고객은 현대자동차이며 다양한 분야의 차량용 반도체를 현대자동차와 공동으로 개발하고 있다.

최근 아이에이는 신규 전기자동차 기업이 늘어난 덕분에 많은 기회를 얻고 있다. 코로나 19가 장기화되면서 신규 자동차 기업들이 부품을 공급해 줄 수 있는 새로운 기업들을 찾고 있기 때문이다.

---

21) 김형수, "DMB(디지털미디어방송) 칩 제조에서 차세대 차량용 반도체 전문기업으로" 내일신문 2022년 7월 6일 (http://www.naeil.com/news_view/?id_art=428415)

〈그림 34〉 아이에이의 비전

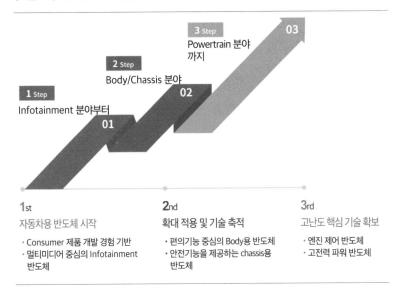

1 Step
Infotainment 분야부터

2 Step
Body/Chassis 분야

3 Step
Powertrain 분야
까지

01
02
03

1st
자동차용 반도체 시작
· Consumer 제품 개발 경험 기반
· 멀티미디어 중심의 Infotainment
  반도체

2nd
확대 적용 및 기술 축적
· 편의기능 중심의 Body용 반도체
· 안전기능을 제공하는 chassis용
  반도체

3rd
고난도 핵심 기술 확보
· 엔진 제어 반도체
· 고전력 파워 반도체

자료: 회사 자료

    이에 따라 아이에이는 중국 염성시 정부와 함께 설립한 합자법인 아이에이전력전자유한공사를 통해 중국 전기자동차 시장에도 새롭게 진출할 수 있었다.

    특히 아이에이는 자율주행차의 핵심인 ADAS 기술을 확보하여 이 분야에 필요한 차량용 반도체로 사업을 확대할 예정이다. 그리고 자동차가 모빌리티로 전환됨에 따라 ADAS 시장이 커질 거로 보고 있다.

    몇 년 후 아이에이는 SiC 반도체로 전기자동차 시장에서 크게 성장할 수 있을 거로 전망한다. 전기자동차 시장이 매년 급성장함에 따라 SiC 반도체도 매년 30%씩 수요가 증가할 거로 보이기 때문이다.

특히 트리노테크놀로지는 시설을 단계적으로 확충해 나가면서 연간 10만 장 규모까지 웨이퍼의 생산능력을 확대한다는 계획이다.

(6) KEC

KEC는 50년이 넘는 오랜 역사를 자랑하는 IDM 기업이다. 주로 전력반도체를 취급하고 있는 중견기업으로 유일하게 자체 생산시설을 보유하여 기술경쟁력과 제조경쟁력까지 갖춘 기업이다. KEC는 그동안 자동차 시장에서 꾸준한 노력으로 현대자동차, GM과 테슬라 등 글로벌 주요 완성차 기업들을 고객으로 두고 있다. 현재 KEC는 주로 가전과 자동차 분야의 사업을 영위하고 있으며 자동차 부문은 파워트레인, 차체와 인포테인먼트에 반도체를 공급하고 있다. 아직 가전 분야의 매출이 높은 편이지만 앞으로는 차량용 반도체 분야를 전문적으로 육성할 계획이기 때문에 자동차 분야의 사업도 매우 커질 전망이다.

KEC는 글로벌 기업 2개사만이 양산에 진입한 트렌치 구조의 SiC 반도체를 2017년부터 개발을 시작한 후 양산에 성공하여 얼마 전부터 고객에 납품하고 있다. 이에 따라 앞으로 KEC의 실적에 대한 전망이 매우 밝을 거로 보인다. 나아가 KEC는 2021년부터 테슬라 전기자동차 디지털 콕핏의 터치스크린에 반도체를 공급하고 있다. 뿐만 아니라 최근 KEC는 중국 전기자동차 시장에서 점유율 1위를 기록하고 있는 기업인 BYD에 Gate Driver IC를 공급하는 성과를 올리게 되었다. 나아가 KEC는 글로벌 전기자동차 기업에 신제품인 IGBT (Insulated/Isolated Gate Bi−polar Transistor)와 소신호 제품 등 5가지 종류를 공급 중이다. 이런 결과에 힘입어 KEC는 글로벌 전기자동차 시장에서 확실한 입지를 다질 수 있게 되었다.

최근 KEC는 늘어나고 있는 해외 수요에 대비해 태국 공장에 있는 후공정 분야에 200억 원을 투자하여 10% 이상 생산능력을 확대하였다. 뿐만 아니라 KEC는 구미공장에도 200억 원을 투자하였다. 이와 같은 투자로 KEC는 지속적인 기술혁신, 고용안정 그리고 생산설비의 고도화를 추진할 수 있게 되었다.

〈그림 35〉 KEC의 구미공장 전경

자료: 회사 자료

KEC는 창립 50년을 맞은 2019년 미래형 오토 인더스트리 글로벌 전력반도체 기업이란 'KEC 비전 2025'를 선포하였다. KEC 비전 2025는 지난 50년 동안 쌓아온 아날로그 시스템반도체 전문기업에서 한 걸음 더 나아가 미래형 오토 인더스트리 전력반도체 분야로 사업을 확대하는 것이다. 이에 따라 KEC는 2025년까지 1,500억 원을 투자해 매출액 4,200억 원과 경상이익 200억 원을 달성해 글로벌 전력반도체 선두기업으로 성장하겠다는 중장기 계획을 가지고 있다.22)

앞으로 KEC는 가전 분야보다는 자동차 분야의 전문기업으로 발전해 나아갈 거로 예상된다. 이를 위해 KEC는 전력반도체 전문 엔지니어의 확보뿐만 아니라 양성에도 적극적으로 나서고 있다.

한편 전기자동차와 자율주행차 시장이 성장하게 될수록 전력반도체의 필요수량은 더욱 늘어나게 된다. 특히 최근 KEC가 양산하고 있는 SiC 반도체는 KEC의 성장에 큰 역할을 할 수 있을 거로 본다. 이에 따라 KEC는 미래의 자율주행과 모빌리티 시대에 더욱 주목을 받게 될 기업이다.

---

22) 김경택, "KEC, '중장기 비전 2025' 선언…100년 기업 도약" 매일경제 2019년 9월 9일
(https://www.mk.co.kr/news/stock/view/2019/09/715592/)

06 ▷ 완성차 모빌리티 기업의 반도체 개발

지금의 자동차 산업은 메카의 시대이다. 메카는 이동성(Mobility), 전동화(Electrification), 연결성(Connectivity)과 자율주행(Autonomous)을 의미한다. 앞으로 완성차 기업들은 더 이상 자동차의 제조만으로는 성장할 수 없기 때문에 모빌리티로 사업을 전환하고 있다. 어떻게 보면 지금과 같은 메카시대에서 자동차 기업이 모빌리티 기업으로 전환하는 건 매우 자연스러운 현상이다. 특히 메카시대의 진입에 따라 자동차뿐만 아니라 모빌리티에도 반도체는 시간이 지날수록 중요해지고 있다.

지금도 완성차 기업들은 차량용 반도체의 부족으로 인해 자동차를 충분하게 생산하기 어려운 상황이다. 나아가 이런 상황이 언제쯤 완전하게 해결될 수 있을지도 장담하기 어렵다. 완성차 기업들은 주로 협력 기업을 통해 반도체를 공급받는 상황이었기 때문에 공급망에 문제가 발생할 경우 제때에 반도체를 공급받을 수 없는 문제가 발생된다는 사실을 최근에 들어와서야 깊게 깨닫게 되었다. 특히 코로나 19 사태로 극심한 반도체 공급난을 겪으면서 완성차 기업들은 반도체의 중요성을 더욱 뼈저리게 느끼고 있다. 나아가 자동차에 사용되는 반도체가 점차적으로 늘어남에 따라 완성차 기업들은 어떻게 해서든 반도체를 안정적으로 공급받는 게 중요하다고 생각하고 있다. 그러다 보니 많은 완성차 기업들이 반도체를 자체적으로 개발하기를 원하고 있는 것이다. 더욱이 완성차 기업은 자체적으로 반도체를 개발하는 방법이 반도체의 쇼티지 문제를 해결할 수 있는 가장 좋은 솔루션이라 보고 있다.

물론 완성차 기업이 자사가 사용하는 모든 반도체를 독자적으로 개발하기는 쉽지 않은 문제이다. 따라서 비교적 개발하기 쉬운 반도체 위주로 개발을 진행하고 나머지 개발하기 어려운 반도체는 반도체 기업과 공동으로 개발하거나, 아니면 반도체 기업과 직접 파트너십을 맺고 안정적으로 반도체를 공급받기를 원하고 있다.

지금도 완성차 기업들은 차량용 반도체의 쇼티지 문제를 해결하기 위해 적극적으로 대책을 세우고 있다. 이에 따라 많은 완성차 기업이 반도체를 자체적으로 개발하려는 움직임을 보이고 있다. 물론 완성차 기업은 반도체 기업이 아니기 때문에 반도체를 직접 개발하는 게 쉬운 일이 아닐 수 있다. 하지만 완성차 기업들은 할 수 있는 범위 내에서 반도체를 내재화하려 계획한다. 그리고 그 방법은 기업마다 다르다. 테슬라와 같은 기업은 자체적으로 거의 모든 반도체를 개발하고 있다. 현대자동차와 도요타자동차는 자회사를 통해 개발하고 있으며 다른 많은 완성차 기업은 반도체 기업과 공동으로 개발하기도 한다. 이런 방법들은 분명 협력 기업의 공급망을 통해 반도체를 공급받는 거보다 안정적이다. 나아가 많은 완성차 기업은 어떤 식으로든 더 나은 새로운 방법을 찾기 위해 노력을 기울이게 될 거로 보인다.

❶ 완성차 모빌리티 기업이 반도체를 만드는 이유

완성차 기업들은 코로나 19를 겪으면서 차량용 반도체의 공급 부족으로 반도체의 중요성을 더욱 깊게 깨닫게 되었다. 과거 반도체는 완성차 기업에 그리 중요한 부품이 아니었다. 10여 년 전만 해도 차량에 사용되는 반도체의 개수는 몇 십 개에 불과하였기 때문이다. 아울러 얼마 전까지만 해도 완성차 기업은 주로 협력 기업으로부터 반도체가 포함된 모듈을 공급받아서 차량에 사용하는 게 일반적이었다. 나아가 차량에 사용되는 반도체가 그리 많지 않을 뿐만 아니라 반도체를 직접 볼 수도 없으니 중요성도 그리 크게 느끼지 못하였다. 하지만 자동차의 전동화와 자율주행에 따라 점점 성능이 고도화되면서 차량당 사용되는 반도체의 개수도 급속하게 늘어나게 되었다. 지금 전기자동차는 점점 대중화되고 있으며 자율자동차로의 전환은 단지 시간의 문제일 뿐이다. 따라서 완성차 기업들도 반도체 공급부족 사태의 문제에 대해 마냥 손 놓고 기다릴 수 없게 되었다. 반도체 공급난이 장기화하면서 완성차 기업들은 자체적으로 반도체의 조달능력을 강화해야 한다는 위기의식이 크게 높아지고 있는 듯하다.

특히 지금도 완성차 기업들은 반도체를 충분하게 확보하지 못하고 있다. 반도체가 필요한 부분에 반도체를 빼고 자동차를 출하하거나, 혹은 차량용 반도체를 일반 반도체로 대체하여 사용하거나, 아니면 고급자동차 위주로 반도체를 탑재해 부족한 수익을 올리는 등으로 문제를 해결하고 있다. 이런 임시방편적인 해결법은 근본적인 대책이 아니기 때문에 완성차 기업들은 어떻게 해서라도 차량에 들어가는 반도체를 안정적으로 확보해야 하는 숙명적인 과제를 안게 되었다. 지금 상황은 반도체를 안정적으로 확보할 수 있는 기업이 시장에서 경쟁우위를 가질 수 있다고도 말할 수 있다.

나아가 지금과 같은 반도체 부족사태는 앞으로도 얼마든지 발생할 가능성이 높다. 더욱 큰 문제는 앞으로 메카시대로의 전환에 따라 반도체의 사용수량이 급속하게 증가한다는 점이다. 모빌리티 시장은 자동차 시장보다 3배 이상 크다는 시장조사의 결과도 있다. 그리고 차량용 반도체는 모빌리티에도 대부분 그대로 사용되며 새롭게 적용되는 반도체도 늘어난다. 따라서 완성차 기업들은 모빌리티 기업으로 전환되는 시점에서 안정적인 반도체의 확보가 무엇보다 중요한 과제가 될 수밖에 없다. 이런 상황에서 완성차 기업들이 반도체를 개발하고 싶어지는 거는 너무나 당연하다. 특히 완성차 기업들이 반도체를 직접 개발하게 된다면 많은 이점을 누릴 수 있게 된다. 그럼 그 이점에 대해 몇 가지로 정리해 보도록 한다.

첫 번째는 안정적으로 반도체를 확보할 수 있다는 점이다. 이와 같은 이점은 완성차 기업이 반도체를 개발하게 되는 가장 큰 이유 가운데 하나이다. 완성차 기업이 직접 반도체를 개발하고 자사의 반도체를 생산해 줄 수 있는 파운드리 기업만 안정적으로 확보할 수 있다면 반도체 공급문제를 크게 해소할 수 있다. 이와 같은 이유로 많은 완성차 기업이 반도체를 직접 개발하려 노력을 기울일 수밖에 없다.

두 번째는 차량을 만드는 데 소요되는 비용을 절감할 수 있다는 점이다. 앞으로 자동차가 자율주행차로 전환되면 반도체 사용의 급속한 증가뿐만 아니라 고성능 반도체의 사용도 늘어나게 된다. 이에 따라 차량에서 반도체가 차지하는 비용도 급속하게 높아질 수밖에 없다. 하지만 완성차 기업이 반도체를 직접 개발하게 되면 반도체가 차지하는 비용을 크게 절감할 수 있다. 기본적으로 반도체 기업의 마진을 없앨 수 있기 때문이다. 이렇게 되면 그만큼 자동차의 판매가격을 낮출 수 있어 완성차 기업은 가격경쟁력을 가질 수 있을 뿐만 아니라 이익도 늘어나게 된다. 아울러 지금 자동차에서 반도체가 차지하는 비용은 불과 5% 정도에 불과하지만 2030년이 되면 20%까지 올라갈 거로 보고 있다.

세 번째는 자사의 차량에 최적화된 반도체를 개발할 수 있기 때문에 자동차의 성능이 좋아질 수 있다는 점이다. 보다 구체적으로 말하면 완성차 기업은 자사 차량의 하드웨어와 소프트웨어에 적합한 반도체를 개발함으로써 차량을 최적화할 수 있다. 그리고 자동차의 성능은 주로 반도체가 결정하게 된다. 다시 말하면 어떤 반도체를 사용하느냐에 따라 자동차의 성능이 크게 달라질 수 있다. 이는 애플이 반도체 개발로 자사 모바일 제품의 성능을 크게 높인 것과 마찬가지이다. 앞으로 자동차는 더 이상 기계장치가 아니라 바퀴가 달린 스마트폰이 되기 때문에 반도체의 성능이 자동차의 경쟁력을 좌우하게 된다.

마지막으로 완성차 기업은 자사의 스케줄에 맞추어 자동차를 생산할 수 있다는 점이다. 다시 말하면 외부로부터의 공급에 의존하지 않고 자사에서 반도체를 개발하게 되면 신차 출시 타이밍에 맞추어 제때에 자동차를 생산할 수 있다. 물론 생산은 파운드리 기업에서 진행하게 되기 때문에 완벽하게 스케줄을 조정하지 못할 수도 있지만 자사가 원하는 대로 어느 정도 스케줄을 맞출 수 있게 된다. 과거엔 협력 기업으로부터 반도체를 공급받았기 때문에 공급망에서 어떤 문제라도 발생되면 반도체를 제때에 공급받을 수 없었다. 따라서 지금과 같은 반도체 부족의 상황에서 완성차 기업들은 반도체에 대해 더욱 적극적으로 대응할 수밖에 없다.

결과적으로 완성차 기업들도 반도체를 개발할 수 있는 능력만 된다면 개발을 마다할 이유가 없는 것이다.

앞으로 반도체는 시간이 지날수록 중요해지게 된다. 자율주행차와 각종 모빌리티에서도 반도체가 가장 중요한 부품이다. 이에 따라 반도체를 개발할 수 있는 역량은 모빌리티 기업의 생존을 좌우할 수도 있는 문제이다. 나아가 반도체를 개발하려는 모빌리티 기업들도 증가할 거로 보인다. 특히 자사의 모빌리티에 최적화된 반도체를 만들 수 있는 기업은 지속적으로 경쟁력을 유지할 수 있을 거로 예상하고 있다.

② 완성차 모빌리티 기업의 반도체 개발 현황

현재 완성차 기업들은 많은 변화의 시기를 겪고 있다. 자동차 산업의 패러다임 변화에 따라 대부분의 완성차 기업은 혁신을 시도하고 있다. 자동차 제조만으로는 생존이 불가능해질 수 있기 때문이다. 이에 따라 앞으로 대부분의 완성차 기업은 내연기관 자동차의 생산을 중단하고 모빌리티 기업으로 변신을 시도할 거로 보고 있다. 특히 지금도 대부분의 완성차 기업은 반도체의 부족난에 시달리고 있기 때문에 반도체의 내재화란 적극적인 전략을 취하고 있는 기업들도 늘고 있다. 나아가 완성차 모빌리티 기업들은 자동차와 모빌리티에 새롭게 사용되는 반도체도 늘어나고 있기 때문에 반도체에 대해 더욱 적극적인 조치를 취할 수밖에 없는 상황이다. 뿐만 아니라 자동차가 자율주행차로 바뀌고 다양한 모빌리티를 생산하게 되면 필요한 반도체의 수량은 기하급수적으로 늘어난다.

한편 완성차 모빌리티 기업이 반도체 개발을 한다는 건 쉬운 일이 아닐 수 있다. 하지만 많은 빅테크 기업이 반도체를 개발하고 있는 거와 같이 완성차 모빌리티 기업들도 우수한 엔지니어를 확보할 수 있다면 반도체의 개발이 불가능한 일은 아니다. 물론 반도체를 자체적으로 설계하더라도 직접 제조하는 건 쉬운 일이 아니기 때문에 대부분의 완성차 모빌리티 기업은 파운드리 기업에 자사가 설계한 반도체를 위탁하여 생산하게 될 거로 보인다. 특히 EUV 공정을 이용한 첨단 성능의 반도체는 제조뿐만 아니라 설계도 어렵기 때문에 초기엔 반도체 기업들과 협력이 필수라 할 수 있다.

하지만 최종적으로는 많은 완성차 모빌리티 기업들이 자사에서 사용하는 모든 반도체를 자체적으로 개발할 수 있는 능력을 키워서 기술적으로 자립을 모색할 거로 예상한다. 물론 완성차 모빌리티 기업이 자체적으로 설계한 반도체를 직접 제조하는 건 도요타와 같은 일부 기업만이 가능하다(EUV 공정의 첨단 반도체는 모든 완성차 모빌리티 기업이 자체적으로 제조가 불가능할 거로 보인다).

(1) 현대자동차 그룹

그동안 현대자동차는 반도체의 부족사태로 큰 피해를 입었다. 지금까지 공장을 여러 번 셧다운하면서 위기상황에 대응해 오고 있다. 현대자동차는 2025년부터 전기자동차만 생산하기 때문에 필요한 반도체 수량은 시간이 갈수록 늘어나게 된다. 따라서 현대자동차는 반도체 부족사태를 해결하기 위해 내재화라는 카드를 꺼내 들게 되었다.

현대자동차는 완성차 기업 중에서 가장 적극적으로 차량용 반도체의 개발에 나서고 있다. 또한 몇 년 전 현대오트론에서 취급하던 반도체 업무를 현대모비스가 인수하게 되었다. 현대모비스의 규모가 더 크기 때문에 반도체 개발을 위한 투자에 용이하기 때문이다. 이에 따라 현대모비스는 자체적으로 반도체 개발을 진행하고 개발된 반도체는 모듈형태로 현대자동차에 납품하게 된다. 뿐만 아니라 최근 현대모비스는 반도체 사업관리실을 사내에 신설하였으며 개발인력도 대대적으로 충원하면서 반도체 R&D 조직을 더욱 강화하고 있다. 이외에도 국내 반도체 기업들과 파트너십을 맺고 다양한 차량용 반도체의 개발을 진행하고 있다.

〈그림 36〉 현대자동차의 본사 빌딩

자료: 회사 자료

일단 현대모비스는 기술 난이도가 상대적으로 낮은 전력반도체에 대해 우선적으로 개발에 착수하였으며 MCU도 자체적으로 개발해 국산화한다는 목표이다. 그리고 센서와 구동장치 등을 제어하는 시스템 반도체, ADAS 그리고 인포테인먼트에 들어가는 SoC도 자체적으로 개발을 진행할 예정이다. 또한 자율주행에 필요한 AI 반도체는 전문 반도체 기업과 공동으로 개발을 진행할 계획이다. 나아가 현대모비스는 상당수의 차량용 반도체를 자체적으로 개발하려는 계획을 가지고 있다. 이렇게 개발된 반도체의 생산은 국내 파운드리 기업에 맡기거나 아니면 자체적으로 생산하는 것도 고려 중으로 보인다.

한편 현대자동차는 전력반도체 기업인 파워큐브세미와 공동으로 산화갈륨(Ga2O3) 전력반도체를 양산수준까지 개발한 거로 알려지고 있다. 완성차 기업으로서 처음으로 차세대 화합물 소재인 Ga2O3을 이용해 전력반도체를 개발한 셈이다. 이에 따라 현대자동차는 전기자동차의 전력소비에 대한 경쟁력을 높일 수 있게 되었을 뿐만 아니라 다른 반도체에도 적용할 수 있을 거로 기대하고 있다. 현대자동차의 목표는 자동차에 필요한 맞춤형 반도체를 개발하여 최적화를 추진하고 효율성을 높인다는 계획이다. 나아가 현대자동차는 2020년부터 현대모비스를 중심으로 SiC 전력반도체의 개발도 진행 중이다. 이 프로젝트는 전력반도체 섹터란 별도 조직에서 개발을 진행하고 있다. SiC 전력반도체는 다양한 이점 때문에 차량용 반도체로 쓰기에 매우 적합하다. SiC 전력반도체는 과거 인피니언에 대부분 의존

해 오고 있었으며 이번에 현대모비스에서 자체적으로 내재화하였다
는 점에서 의미가 있다.

뿐만 아니라 최근 현대자동차는 그룹의 기획조정실 내 반도체 전
략 TF(Task Force)를 신설해 운영을 시작하고 있다. 이번 TF는 계속
되고 있는 차량용 반도체 수급난과 관련해서 그룹 전반을 조율해 대
응에 나서겠다는 의도에서 조직된 거로 보인다. 해당 TF는 그룹 내
고성능 반도체 사업 전략 및 반도체 수급방안의 수립을 강화할 전망
이다.[23]

이와 같이 현대자동차는 자사의 차량에 들어가는 각종 반도체에
대해 현대모비스를 중심으로 개발을 진행하고 있다. 그리고 앞으로
시간이 지나갈수록 개발을 성공하게 되는 반도체의 종류도 늘어날
전망이다.

(2) 도요타자동차

도요타는 일본 최대 규모의 완성차 기업이며 코로나 19에 따른
반도체 부족의 사태에도 비교적 잘 대응해 온 기업이다. 하지만 반도
체 부족난이 장기화하면서 다른 기업들과 마찬가지로 반도체 부족으
로 인한 피해를 보고 있다. 따라서 도요타도 자체적으로 반도체를 내
재화하려는 계획을 세우게 되었다.

---

[23] 박정규, "현대차그룹, 반도체전략TF 신설…기술 내재화 연장선" 뉴시스 2022년 6월 21일
(https://newsis.com/view/?id=NISX20220620_0001913945&cID=13001&pID=13000)

도요타도 현대자동차처럼 자회사인 덴소를 통해 반도체를 공급받고 있다. 덴소는 전 세계 2위 자동차 부품기업으로 1949년 도요타에서 만성 적자인 전장사업부가 떨어져 나온 후 설립되었다. 덴소는 1974년부터 Bipolar IC를 만들고 1981년에는 압력센서를 개발하였다. 나아가 1991년에 반도체 개발을 위한 기초연구소도 세우게 되면서 2000년엔 가속도 센서도 개발하였다.

　　도요타는 이미 1989년 아이치현 도요타시에 반도체 공장을 설립하고 다양한 반도체를 생산하였던 경험을 보유하고 있다. 따라서 반도체의 생산과 프로세스에 대한 생리를 잘 알고 있다. 하지만 도요타는 2019년 이 공장을 덴소에 넘기게 되면서 덴소에 부품공급을 전적으로 맡기게 된다. 반도체 개발역량을 덴소에 집중하는 전략을 세우게 된 셈이다. 나아가 2020년엔 덴소와 공동으로 반도체를 설계하는 미라이스(Mirise Technologies)란 기업을 설립하게 되었다. 미라이스의 개발 분야는 파워 일렉트로닉스를 포함한 센싱과 SoC 등이다. 이렇게 설계된 반도체 일부는 TSMC를 통해 생산될 거로 보인다.

　　이미 TSMC는 일본 구마모토에 팹을 건설하고 있으며 덴소가 많은 지분을 투자하였다. 이 팹은 2024년 말 가동이 예상되고 주로 10nm에서 20nm 공정의 반도체가 생산될 예정이다. 나아가 도요타와 덴소는 르네사스의 지분을 가지고 있어 르네사스는 사실상 도요타와 덴소의 영향력 아래에 있다. 따라서 덴소는 자체적으로 개발하지 않고 있는 차량용 반도체를 르네사스로부터 공급받기가 용이한 입장이다.

〈그림 37〉 도요타의 본사 빌딩

자료: 회사 자료

뿐만 아니라 2022년 덴소는 전기자동차용 전력반도체 소자를 개발하였으며, 이 소자로 에너지 손실을 20% 줄일 수 있다. 전력반도체는 배터리 상태를 모니터링하는 아날로그반도체 소자와 함께 전기자동차의 성능에 필수적이다. 덴소는 다른 차량용 반도체와 마찬가지로 설계와 제조를 아웃소싱하기보다 자체적으로 개발 및 생산에 박차를 가하고 있다.[24] 물론 자체적으로 생산이 불가능한 고성능 반도체는 TSMC, 혹은 UMC에 맡길 거로 보인다.

도요타는 2014년 이미 덴소와 공동으로 SiC로 전력반도체를 개

---

24) 이진충, "일본 덴소, 30% 더 작고, 20% 에너지 손실 적은 새 반도체로 전기차 효율 향상" 글로벌이코노믹 2022년 7월 24일 (https://news.g-enews.com/article/Industry/2022/07/2022072415064310539def07940f_1?md=20220724152918_U)

발하여 자사의 자동차에 탑재하고 있다. 따라서 이 분야에서는 다른 완성차 기업보다 앞서 나아가고 있다. 아울러 도요타와 덴소는 다가오는 자율주행 시대에 경쟁 기업보다 앞서 나아가기 위한 준비를 시작하였다. 2017년 덴소는 자율주행에 필요한 반도체를 개발하는 엔시텍스(NSITEXE)를 설립하였다. 그리고 도요타는 완성차 기업으로는 처음으로 자율주행 기술을 구현하기 위해 엔비디아와 협력하기도 하였다. 앞으로도 도요타는 덴소뿐만 아니라 자회사를 통해 다양한 차량용 반도체를 개발할 예정이다. 특히 TSMC의 구마모토 공장이 가동되는 2024년 말이 되면 고성능 반도체의 자체 설계와 위탁생산에도 무리가 없을 듯 보인다.

(3) 포드

포드는 오랜 전통을 가진 미국을 대표하고 있는 완성차 기업으로 이번 코로나 19로 인한 반도체 부족의 사태로 가장 큰 피해를 입은 기업 중 하나이다. 그리고 포드는 반도체의 부족에 따른 자동차의 감산 조치를 심각하게 받아들이고 반도체 기업과 공동으로 개발과 생산을 위한 계획을 세우게 되었다.

이에 따라 포드는 2021년 글로벌파운드리와 전략적 파트너십을 맺게 되었다. 파트너십의 주요 내용은 두 기업이 자율주행, 데이터 통신과 배터리 관리용 반도체 등을 공동으로 개발하고 글로벌파운드리가 개발된 반도체를 생산하여 포드에 공급한다는 것이다.

<그림 38> 포드의 건물 전경

자료: 회사 자료

  결과적으로 포드는 반도체의 설계를 담당하고 글로벌파운드리는 포드의 반도체 개발을 도우면서 제조를 담당하게 될 거로 보인다. 특히 포드는 반도체를 직접 개발하게 되면 자율주행 기능과 전기자동차용 배터리 시스템 등 일부 차량의 성능을 크게 향상시킬 수 있을 거로 보고 있다. 나아가 앞으로의 반도체 부족사태를 개선하는 데 많은 도움이 될 뿐만 아니라 자사의 반도체 기술향상에도 크게 기여할 수 있다고 본다.

  이와 같은 양사의 긴밀한 협력을 통해 포드는 자동차의 성능을 크게 향상시킬 수 있을 거로 기대하고 있다. 그리고 포드는 반도체의 개발을 통해 기술적으로도 독립을 실현할 수 있을 거로 예상한다. 나아가 앞으로 자율주행차에 사용될 고성능 반도체에 대해서도 독립적으로 개발을 진행할 수 있을 거로 전망하고 있다. 뿐만 아니라 포드는 이번 글로벌파운드리와의 파트너십으로 기술의 수직통합을 적극적으로 추진하고 있는 중이다. 특히 포드는 수요가 많은 칩을 수직계열화하여 공급의 안정성을 높일 뿐만 아니라 조달의 비용을 크게 낮춘다는 목표이다.

포드는 2021년부터 전기자동차와 자율주행차에 290억 달러(약 32조 4,220억 원)를 투자한다는 계획을 발표하였다. 완성차 기업 중에서 가장 많은 투자금액이다. 나아가 포드는 전기자동차 사업부를 별도의 조직으로 분리하면서 애플과 테슬라처럼 소프트웨어 중심기업으로 변화하려 노력하고 있다. 특히 포드는 전기자동차가 내연기관의 자동차보다 반도체가 더 많이 쓰이고 반도체가 차량의 성능을 좌우할 수 있기 때문에 반도체 개발에도 더욱 속도를 낼 거로 보인다.

한편 인텔은 10nm 이하 공정의 차량용 반도체의 생산을 위한 파운드리 팹의 건설을 준비하고 있다. 이 팹이 완공되면 포드의 자율주행차에 새로운 기회가 될 거로 예상한다. 글로벌파운드리는 14nm 공정이 한계이기 때문에 앞으로 크게 늘어날 예정인 고성능의 첨단 칩은 포드를 위해 생산해 줄 수 없기 때문이다. 하지만 앞으로 인텔이 글로벌파운드리가 할 수 없는 부분을 충분히 대신해 줄 수 있을 거로 본다.

앞으로 포드는 자율주행차의 개발에 온 힘을 기울일 거로 예상하고 있다. 포드로선 자사의 자율주행차에 들어가는 반도체의 내재화는 반드시 이루어내야만 하는 과제이다. 나아가 포드는 자사의 자율주행차에 들어가는 거의 모든 반도체를 자체적으로 개발할 수 있는 역량을 갖추기 위해 더욱 노력을 기울일 거로 기대하고 있다.

(4) GM

　GM은 미국 최대 규모의 완성차 기업으로 다른 완성차 기업과 마찬가지로 반도체 부족난으로 심각한 피해를 입게 되었다. 이에 따라 GM도 포드와 마찬가지로 비슷한 시기에 반도체 개발에 본격적으로 뛰어들게 되었다. 우선 GM은 반도체 부족난을 해결하기 위해 지금 사용하고 있는 차량용 반도체의 종류를 단순화하기로 결정하였다 이에 따라 자사의 차량에 들어가는 반도체를 3개의 제품군으로 통합하기로 하였다. 즉 차량에 들어가는 반도체의 종류를 최대 95% 가까이 줄이는 방식으로 단순화하여 지금 겪고 있는 반도체 부족난을 어느 정도 해결한다는 계획이다.

〈그림 39〉 GM의 건물 전경

자료: 회사 자료

　나아가 GM은 전기자동차의 생산과 함께 증가하는 반도체의 수요에 적절하게 대응하려 NXP, 퀄컴, ST 마이크로, 르네사스를 포함한 총 7개 차량용 반도체 기업과 반도체 설계를 위해 전략적으로 협력을 진행하기로 결정하였다. 이들 기업과 GM이 개발하는 반도체는 주로 3가지 종류의 MCU가 중심이 될 거로 예상된다. 그리고 각종 기능을 제어하는 MCU는 한 개의 칩으로 여러 가지 기능을 수행하도록 설계할 계획이다.

따라서 만약 GM이 통합 기능의 MCU 개발에 성공하게 되면 자동차에 사용하는 반도체의 95% 정도를 해결할 수 있다. 이와 같이 설계된 MCU는 이미 파트너십을 맺고 있는 글로벌파운드리에 위탁하여 생산하게 된다. 그리고 GM은 글로벌파운드리를 통해 연간 1천만 개 정도의 MCU를 생산할 거로 예상하고 있다.

이와 같은 계획에 따라 GM은 이번 MCU 개발에 많은 자금을 투자할 거로 본다. 그리고 투자금액은 주로 북미지역을 중심으로 사용될 거로 예상하고 있다. 물론 앞으로 자율주행차에 사용되는 고성능의 개발하기 어려운 5% 정도의 반도체는 직접 개발하지 않고 반도체 기업으로부터 구입해서 사용할 거로 보인다.

이에 따라 GM의 차세대 ADAS 기술인 울트라 크루즈의 경우 퀄컴이 개발한 SoC 기반의 새로운 컴퓨팅 아키텍처로 구동될 예정이다. 이 칩은 5nm 공정으로 생산된 퀄컴 스냅드래곤 라이드로 GM의 울트라 크루즈에 적용할 예정이다. GM은 2023년에 출시하는 캐딜락 셀레스틱에 울트라 크루즈를 처음으로 적용할 계획이다. 뿐만 아니라 GM의 중국 합작기업인 SGMW도 중국에서 생산하는 차량에 사용될 반도체를 2018년부터 개발해 오고 있다. 그리고 SGMW는 조만간 개발된 반도체를 신규 차량에 사용할 수 있을 전망이다. 이를 통해 전기자동차 시장이 가파르게 성장하고 있는 중국에서 반도체 부족으로 인해 차량의 생산에 문제가 생기지 않도록 만반의 준비를 하고 있다.

GM의 반도체 개발은 다가오는 자율주행차 시대에 기술을 한 단계 높이는 역할을 할 수 있을 거로 본다. 특히 이번 반도체의 개발로 자사 차량의 성능도 크게 향상시킬 수 있는 기회를 가질 수 있게 될 거로 예상된다.

(5) 폭스바겐 그룹

폭스바겐은 독일기업으로 유럽 최대 규모의 완성차 기업이다. 폭스바겐도 코로나 19로 인한 반도체 부족으로 중국, 북미와 유럽 등에서 2021년 1분기 자동차의 생산량을 10만대 정도 줄이게 되었다. 이에 따라 폭스바겐은 반도체의 중요성을 깨닫고 반도체의 전문성을 가지는 게 가장 중요한 핵심 역량이라 생각하게 되었다.

이에 따라 폭스바겐은 배터리의 내재화를 넘어 2021년부터 반도체의 내재화도 선언하였다. 특히 폭스바겐은 반도체 부족의 장기화를 우려해 차량용 반도체의 개발에 적극적으로 나서고 있다. 나아가 폭스바겐은 2021년 자율주행차용 고성능 칩을 직접 개발하겠다는 의지를 밝히기도 하였다.

<그림 40> 폭스바겐의 본사 빌딩

자료: 회사 자료

폭스바겐이 다른 완성차 기업보다 유리한 건 소프트웨어의 역량을 보유하고 있다는 점이다. 그래서 폭스바겐은 테슬라와 마찬가지로 소프트웨어를 재설계하여 커스텀 칩을 범용 칩으로 대체함으로써 공급의 유연성을 확보하였다. 이는 한 개의 칩을 다양한 기능으로 사용할 수 있도록 만든 것이다. 그리고 폭스바겐은 새로운 차량용 반도체의 개발을 위해 자율주행 소프트웨어 기업인 카리아드를 적극적으로 활용하고 있다.

이에 따라 2022년 카리아드는 ST 마이크로와 같이 전기자동차에 사용될 새로운 반도체를 공동으로 개발하기 위해 파트너십을 맺게 되었다. 양사는 스텔라 마이크로컨트롤러(Stellar Microcontroller) 제품을 보완하는 새로운 SoC를 개발할 예정이다. 양사가 개발한 반도체는 TSMC를 통해 생산될 계획이다. 아울러 폭스바겐은 자사가 당장 개발하기 어려운 칩의 경우 반도체 기업으로부터 직접 구입할 예정이다.

이런 방침에 따라 폭스바겐은 2022년 4단계 자율주행 기술의 구현을 위해 퀄컴의 칩을 사용하기로 결정하였다. 폭스바겐은 2025년 일부 차량을 시작으로 2026년부터는 자사의 모든 차량에 퀄컴의 자율주행용 SoC를 사용할 계획이다. 나아가 폭스바겐은 몇 년 전부터 자사의 커넥티드 카에 삼성전자의 엑시노스 오토 V7 프로세서를 사용하기 시작하였을 뿐만 아니라 전력관리와 통신 반도체도 사용하고 있다. 나아가 최근 삼성전자는 폭스바겐에 공급할 인포테인먼트용의 5nm 공정을 활용한 새로운 프로세서 제품을 개발 중이다.

앞으로도 폭스바겐은 테슬라와 마찬가지로 소프트웨어를 재설계하는 방법으로 반도체의 사용수량을 지속적으로 줄여 나갈 거로 예상된다. 이를 통해 폭스바겐은 반도체의 부족난을 해결하고 필요한 반도체는 개발해 나아갈 예정이다. 그리고 자체적으로 개발할 수 없는 경우 반도체 기업으로부터 직접 소싱을 하게 될 거로 본다.

(6) 스텔란티스(Stellantis)

스텔란티스는 이탈리아와 미국의 합작 기업인 피아트크라이슬러(FCA)와 프랑스의 푸조시트로엥(PSA)이 합병하여 설립되었다. 스텔란티스는 세계 4위의 다국적 완성차 기업으로 단순 자동차 제조를 탈피해 소프트웨어와 반도체 중심의 모빌리티 기업으로 전환하고 있다.

스텔란티스는 차량용 반도체 부족으로 2021년 차량의 생산량을 140만대 이상 감산하였다. 이에 따라 스텔란티스도 다른 완성차 기업들과 마찬가지로 반도체 개발과 생산에 직접 뛰어들었다. 반도체 공급에서 기존 공급업체가 잘 대응해 줄 거란 기대가 흔들리게 되면서 안정적인 반도체의 확보를 위해 가치사슬 자체의 변화를 추진할 필요가 있었기 때문이다. 이를 통해 스텔란티스는 반도체 공급망을 단순화한다는 방침이다.

〈그림 41〉 스텔란티스의 건물 전경

자료: 회사 자료

이에 따라 스텔란티스는 2021년 대만 전자기기 제조기업인 팍스콘(Foxconn)의 모기업인 홍하이 기술그룹과 차량용 반도체를 공동 개발하고 개발한 반도체를 안정적으로 생산하기 위해 파트너십을 맺게 되었다. 양사는 총 4종류의 반도체에 대한 개발을 추진하고 있다. 나아가 개발된 반도체는 다른 기업에도 공급할 거로 보인다. 팍스콘은 애플의 아이폰을 조립하여 생산하는 기업으로 유명하지만 차량용 반도체와 MCU도 생산을 진행하고 있다. 양사는 주로 MCU의 개발에 대해 협력하지만 모빌리티 시대를 대비하기 위해 고성능 칩의 개발도 포함될 거로 예상된다.

나아가 스텔란티스는 2024년부터 생산되는 차량에 탑재를 목표로 반도체의 개발을 위한 합작사를 설립하였다. 만약 스텔란티스가 반도체 개발에 성공하게 되면 약 80% 정도의 반도체를 자체적으로 해결할 수 있을 거로 기대하고 있다. 이와 동시에 불필요한 칩을 줄여 나아가는 작업도 병행하여 비용을 절감할 예정이다. 아울러 나머지 20% 정도의 개발이 불가능한 칩들은 반도체 기업으로부터 직접 공급받을 계획이다.

이에 따라 2022년 스텔란티스는 차세대 커넥티드 카에 들어가는 스냅드래곤 칩을 퀄컴으로부터 다년간 공급받기로 하였다. 이는 퀄컴의 스냅드래곤 칩을 적용한 디지털 섀시 기술로 스텔란티스의 14개 차종의 브랜드에 탑재된다. 나아가 스텔란티스는 2024년부터 2년간 3개의 새로운 소프트웨어도 개발할 예정이다. 이렇게 개발된 소프트웨어는 이미 개발을 끝낸 반도체에 최적화하여 연동시킬 계획이다.

앞으로 스텔란티스는 반도체의 공급난을 더 이상 겪지 않을 거로 기대하고 있다. 특히 스텔란티스는 모빌리티 기업으로의 전환에 따라 반도체의 중요성이 더욱 커지게 되었다. 이런 이유로 스텔란티스는 지속적으로 필요한 반도체를 개발할 예정일 뿐만 아니라 성능도 개선시켜 나아갈 거로 본다.

07 ▷ 빅테크 기업의 모빌리티용 반도체 개발

　　　　　　　　　　　　　최근 구글, 애플, 메타(페이스북), 마이크로소프트, 아마존, 바이두, 알리바바와 테슬라 등과 같은 빅테크 기업들이 자체적으로 반도체를 개발하는 경우가 늘어나고 있다. 즉, 빅테크 기업이 빅테크 세미컴(BigTech Semiconductor company)이 되고 있다.

　현재 상황을 보면 반도체를 개발하고 있지 않은 빅테크 기업이 없을 정도이다. 특히 애플은 더 이상 인텔과 같은 기존 반도체 기업의 칩에 의존하지 않고 자체적으로 칩을 만들어 자사의 모바일과 PC 등의 완제품에 탑재시키는 일이 일반화되고 있다. 애플이 몇 년 전 자사에서 개발한 M1 칩을 성공적으로 출시하게 됨에 따라 많은 빅테크 기업이 자극을 받아 자체적으로 반도체를 만들게 되었다.

애플이 개발한 M1 칩은 가격적인 메리트뿐만 아니라 성능에서도 기존에 인텔에서 받아서 사용하던 칩보다 우수하다는 게 이미 증명되었다. 물론 게임 등 일부 기능에서 부족한 점이 있다. 하지만 배터리 효율성, 멀티태스킹과 그래픽 처리 등에서 인텔 CPU보다 뛰어나다고 평가되고 있다.

이에 따라 최근 애플은 M1 칩보다 성능이 개선된 M2 칩도 출시하였다. 구글도 마찬가지이다. 그동안 구글은 자사의 스마트폰에 들어가는 AP를 퀄컴의 스냅드래곤을 사용해 왔으나 지금은 구글이 자체적으로 텐서 칩(TPU)을 개발하였다. 따라서 앞으로 구글은 자사의 스마트폰에 들어가는 AP를 퀄컴의 스냅드래곤이 아닌 자사의 텐서 칩으로 모두 대체할 거로 보인다.

과거 PC와 서버 등에서 인텔의 X86의 성능이 ARM의 IP를 이용한 설계보다 뛰어난 거로 알려졌다. 하지만 실제로는 ARM의 IP를 사용한 설계가 인텔의 X86보다 PC와 서버에서 우수한 성능을 보여줄 수 있다는 게 증명되었다. 이런 상황이다 보니 많은 빅테크 기업이 ARM의 IP를 이용해 직접 반도체 설계에 나서고 있다.

그럼 왜 많은 빅테크 기업이 반도체 기업에 의존하지 않고 자체적으로 반도체를 만들려 하는 것일까? 물론 다양한 이유가 있을 것이다. 하지만 어느 기업이나 해당하는 사실이 있다. 그건 최근 미중간의 무역전쟁과 코로나 19 같은 예측하지 못한 상황이 반도체의 수급 불안을 일으킴에 따라 반도체를 원하는 때 공급받지 못하는 상황이 발생하고 있다는 점이다. 특히 차량용 반도체의 경우 부족사태는 아직까지도 심각한 상황이다. 이에 따라 빅테크 기업들도 반도체의 사용이 지속적으로 늘어나고 있는 상황에서 자사에 필요한 반도체를 안정적으로 공급받을 수 있기를 바라고 있다. 그리고 빅테크 기업들은 자사에서 반도체를 만들 수 있다면 반도체 공급 불안에 대한 리스크를 확실하게 해결할 수 있을 거라 판단하였다.

따라서 많은 빅테크 기업이 자사에 반드시 필요하다고 판단하였던 반도체는 이미 개발하여 사용하고 있다. 나아가 앞으로 필요한 반도체도 자체적으로 개발에 나설 계획을 세운다. 물론 각 기업마다 필요한 반도체가 다름에 따라 각 기업별로 개발하였거나 개발하게 될 반도체의 종류도 다양할 수밖에 없다. 그리고 모빌리티 사업을 진행하고 있는 빅테크 기업들은 모빌리티용 반도체를 직접 개발하여 자사의 모빌리티에 탑재시키는 경우도 많다. 앞으로 모빌리티 시장이 더욱 커짐에 따라 시장에 진입하는 빅테크 기업들이 증가할 거로 예상하고 있다. 이에 따라 앞으로도 많은 빅테크 기업이 모빌리티용 반도체를 개발하게 될 거로 보인다. 특히 모빌리티에서 가장 중요한 건 소프트웨어와 반도체이다. 지금과 같은 차량용 반도체의 쇼티지 상황에서는 빅테크 기업들이 더욱 모빌리티용 반도체의 개발에 관심을 가질 수밖에 없다.

이번 장에선 모빌리티용 반도체를 개발하였거나 개발하고 있는 빅테크 기업들에 대해 알아보도록 한다.

❶ 빅테크 기업이 모빌리티용 반도체 개발에 뛰어드는 이유

빅테크 기업이 반도체를 개발하는 게 뉴노멀의 시대가 되고 있다. 특히 코로나 19로 인한 차량용 반도체의 부족난은 이런 시대를 더욱 부채질하게 되는 결과를 가져오게 되었다. 이와 같은 상황이다 보니 모빌리티 사업을 진행하고 있는 빅테크 기업들이 모빌리티용 반도체의 개발에 더욱 적극적으로 나설 수밖에 없다.

그럼 빅테크 기업들이 모빌리티용 반도체를 개발하고 있는 주요 이유에 대해 자세히 알아보도록 한다.

첫째, 본격적인 모빌리티 시장의 진입에 따라 자사의 모빌리티에 필요한 반도체의 수량이 폭발적으로 증가한다는 점이다. 대부분의 빅테크 기업들은 앞으로 4차 산업의 시대엔 모빌리티가 대세일 거로 예상하고 있다. 이에 따라 실제적으로도 빅테크 기업들은 모빌리티 분야에 많은 관심을 기울이고 시장에 진입하고 있다. 그리고 모빌리티 시장에 진입하고 있는 빅테크 기업들은 자사의 모빌리티에 필요한 반도체의 수량이 크게 증가할 거로 예상한다. 이런 상황에서 칩을 반도체 기업으로부터 구입하는 거보다 직접 만드는 게 여러 가지로 유리할 수밖에 없다. 특히 완전 자율주행의 모빌리티 시대가 되면 반도체의 사용량은 상상 이상으로 늘어날 거로 전망된다. 이에 따라 빅테크 기업이 모빌리티용 반도체의 개발을 하지 않는 게 오히려 이상한 상황이다.

둘째, 자사의 모빌리티에 최적화된 반도체를 개발할 수 있다는 점이다. 칩을 가장 잘 설계할 수 있는 주체는 자사의 제품과 서비스를 가장 잘 알고 있는 빅테크 기업이다. 모빌리티에서도 소프트웨어와 반도체가 가장 중요한 부분을 차지하고 있다.

따라서 반도체의 성능을 높여야만 모빌리티의 성능도 향상시킬 수 있다. 이러다 보니 빅테크 기업들은 자사의 모빌리티에 맞추어 반도체를 개발하여 자사의 모빌리티의 성능을 향상시킬 수밖에 없다.

만약 범용으로 쓰이는 칩을 반도체 기업으로부터 구입하게 되면 모빌리티뿐만 아니라 소프트웨어와 적절하게 매치가 되지 않아 성능을 제대로 발휘할 수 없게 될 가능성이 있다. 다시 말하면 자사의 모빌리티에 최적화된 반도체가 아닐 수 있다는 사실이다. 그렇게 되면 모빌리티가 본래의 성능을 내는 데 어려움을 겪을 수 있게 된다.

그러다 보니 빅테크 기업들은 어떻게 해서든 자사의 모빌리티와 소프트웨어에 잘 연동될 수 있는 최적의 반도체를 개발하려 노력하게 된다. 뿐만 아니라 빅테크 기업은 맞춤 칩의 개발을 통해 자사 모빌리티의 에너지 효율을 높일 수 있으며 다른 기업과 차별화할 수도 있게 된다.

셋째, 반도체를 직접 개발하게 되면 비용적으로 더 싸게 만들 수 있다는 점이다. 실제로 애플이 개발한 M1 칩도 다른 기업의 칩보다 가격경쟁력을 가지고 있다. 일단 자사에서 칩을 만들게 되면 반도체 기업이 가져가는 마진을 절약할 수 있다. 그리고 빅테크 기업의 구매 파워에 따라 칩을 만들기 위한 원재료를 더 싸게 구입할 수도 있다.

따라서 자사에서 칩을 만들게 되면 가격적인 메리트를 가질 수 있다. 아울러 칩의 사용량이 많지 않으면 가격적인 메리트가 그리 크지 않을 수 있지만 사용하는 수량이 많아질수록 비용 절약의 금액은 엄청난 수준으로 커질 수 있게 된다.

넷째, 모빌리티에서 더 나은 경쟁력을 가질 수 있다는 점이다. 지금의 모빌리티 시대는 한 분야만 잘해서는 경쟁력을 가질 수 없다. 이제는 소프트웨어의 능력을 보유한 반도체 기업이 시장에서 경쟁력을 가질 수 있게 되었다.

마찬가지로 빅테크 기업도 소프트웨어의 능력만으론 경쟁력을 가질 수 없다. 반도체란 하드웨어와 이를 지원할 수 있는 소프트웨어의 능력을 모두 갖출 수 있어야만 빅테크 기업도 모빌리티 시대에 경쟁력을 가질 수 있다는 의미이다. 이렇게 소프트웨어와 하드웨어를 같이 개발할 수 있는 능력이 중요하고 고객들도 이를 원하고 있다. 이와 같은 것을 풀스택솔루션(Full Stack Solution)이라 한다. 나아가 소프트웨어와 하드웨어의 통합능력은 점점 중요해지고 있으며, 이런 통합능력을 통해 모빌리티를 효과적으로 제어하고 효율성을 높일 수 있다. 따라서 빅테크 기업도 반도체의 설계능력을 갖출 수 있어야만 모빌리티 시대에 확고한 기술력을 바탕으로 진정한 리딩 기업이 될 수 있다.

다섯째, 차량용 반도체의 부족난이 이어지고 있는 상황에서 안정적으로 필요한 반도체의 물량을 확보할 수 있다는 점이다. 반도체 부족난은 지금도 진행 중이며 앞으로 해결되더라도 다시 재현될 가능성은 얼마든지 있다. 그리고 빅테크 기업이 반도체를 자체적으로 개발하게 되면 필요한 수량만큼의 반도체를 공급받는 게 그리 어렵지 않게 된다.

물론 자사가 개발한 반도체를 직접 생산하지는 못하기 때문에 완벽한 공급망 관리는 되지 않을 수 있다. 하지만 파운드리 기업과 원활한 소통이 이루어질 수 있다면 반도체 기업으로부터 구매하는 거보다 훨씬 안정적으로 반도체를 공급받을 수 있게 된다.

마지막으로 자사의 스케줄에 맞추어 제품을 출시할 수 있다는 점이다. 예를 들면 과거엔 애플이 인텔의 새로운 CPU 출시의 스케줄에 의존하여 자사의 신제품을 만들 수밖에 없었다. 따라서 애플은 자사 제품의 최적 출시 타이밍을 놓치는 경우도 있었다.

마찬가지로 최근 테슬라 같은 경우도 만약 칩을 다른 반도체 기업에 의존하였더라면 새로운 전기자동차를 적시에 내놓기 쉽지 않았을 거라는 예상이 가능하다. 뿐만 아니라 반도체 기업들의 부당한 요구를 들어주거나 끌려 다닐 수밖에 없었을 것이다. 하지만 빅테크 기업이 자체적으로 칩을 개발하게 되면 계획대로 새로운 모빌리티를 제때에 출시할 수 있게 된다.

이와 같이 빅테크 기업이 모빌리티용 반도체를 개발하게 되면 많은 메리트를 가질 수 있다. 그리고 모빌리티 시장이 본격적으로 성장하게 되는 시기가 오게 되면 모빌리티 사업을 진행하지 않고 있는 빅테크 기업들도 모빌리티 시장에 새롭게 진입하게 될 거로 보인다. 그렇게 되면 이들 빅테크 기업은 모빌리티용 반도체의 자체 개발에도 뛰어들게 될 거로 전망하고 있다. 뿐만 아니라 모빌리티용 반도체를 이미 출시한 빅테크 기업들도 시장의 니즈에 맞추어 더욱 다양한 모빌리티용 반도체의 개발에 나설 거로 예상된다.

② 빅테크 기업의 모빌리티용 반도체 개발이 시장에 미치는 영향

빅테크 기업들이 반도체 개발에 뛰어들면서 기존의 반도체 기업들이 위기의식을 느끼고 있다. 과거 반도체 산업은 반도체 기업들만의 영역이었지만 지금은 더 이상 그렇다고 볼 수는 없다. 융합의 시대에 들어서게 되면서 기업들의 사업영역이 불분명해지게 됨에 따라 이젠 어느 빅테크 기업이라도 반도체를 만들 수 있게 되었다. 그리고 반도체 기업보다 많은 자본력과 우수한 기술력을 보유하고 있는 빅테크 기업의 반도체 개발은 분명 반도체 기업에 위협적일 수밖에 없다.

특히 과거 거의 인텔만의 영역이었던 CPU 분야도 애플뿐만 아니라 다른 빅테크 기업들이 대거 개발에 뛰어들어 성공함에 따라 인텔의 지위도 예전과 같지 않은 상황이다. 물론 다른 반도체 기업들도 마찬가지이다. 빅테크 기업들은 AP뿐만 아니라 어떤 반도체든 필요하다면 만들 수 있는 능력을 가지고 있다. 그리고 빅테크 기업들은 다양한 반도체의 영역에서 반도체 기업들보다 성능이 우수한 반도체를 만들고 있다. 이렇게 할 수 있는 건 빅테크 기업이 설계만 잘할 수 있다면 제조는 얼마든지 파운드리 기업에 맡길 수 있기 때문이다.

특히 테슬라와 같은 빅테크 기업은 매우 충성스러운 고객기반을 가지고 있기 때문에 테슬라의 전기자동차를 적극적으로 구입해 줄 수 있다. 나아가 다른 빅테크 기업들도 이미 다른 기업들보다 큰 시장을 확보하고 있기 때문에 빅테크 기업이 개발한 칩은 확실하게 사용될 수 있는 시장이 있는 상황이다. 그러다 보니 빅테크 기업은 많은 투자를 통해 우수한 성능의 칩을 적극적으로 개발할 수 있게 되었다.

최근 반도체의 개발에서도 소프트웨어가 중요해짐에 따라 소프트웨어에 강점이 있는 빅테크 기업들은 반도체 기업과 비교해 반도체의 개발에 있어 절대 불리하지 않은 상황이다(설령 반도체 개발의 능력이 없어도 설계할 수 있는 엔지니어만 채용하면 얼마든지 할 수 있다). 이에 따라 적지 않은 반도체 기업들도 경쟁력을 강화하기 위해 단순한 반도체 기업이 아닌 소프트웨어 기업으로 변신을 시도하고 있다. 예를 들면 엔비디아와 브로드컴 같은 팹리스 기업들이다. 이런 현상은 앞으로 더욱 보편적인 상황이 될 거로 본다. 반도체 기업들도 하드웨어 기술만으로 생존이 불가능할 수도 있기 때문이다.

결과적으로 반도체 기업들은 기존의 경쟁 기업뿐만 아니라 새롭게 반도체 시장에 진입하고 있는 빅테크 기업들과도 경쟁해야만 한다. 나아가 앞으로 완성차 기업을 포함한 반도체 시장에 진입할 가능성이 있는 다른 기업들과도 경쟁해야 할지도 모른다.

물론 고객의 입장에서 반가울 수 있는 일이다. 하지만 오로지 설계만 진행하고 있는 팹리스 기업의 입장에선 경쟁 기업들이 많아짐에 따라 생존을 걱정해야만 하는 상황이다. 특히 빅테크 기업의 반도체 시장진입에 따라 팹리스 기업은 핵심 고객을 빼앗기고 있을 뿐만 아니라 우수한 기술을 보유한 팹리스 기업은 빅테크 기업의 M&A 대상이 되어 가고 있다. 물론 인텔과 같은 IDM 기업들도 예외라 할 수 없다.

그럼 모빌리티용 반도체를 개발하고 있는 빅테크 기업들은 차량용 반도체를 만드는 반도체 기업들에 어떤 영향을 미치게 될까? 일단 기존의 전문 차량용 반도체 기업인 인피니언, NXP, 르네사스, ST 마이크로와 TI 등이 주로 만들고 있는 MCU와 아날로그 칩 같은 성숙공정의 반도체엔 그리 큰 영향이 없을 듯싶다. 빅테크 기업들이 개발하고 있는 반도체는 주로 EUV 공정을 이용한 첨단 반도체이기 때문이다.

하지만 빅테크 기업은 대부분 MCU를 줄이는 방향으로 가고 있기 때문에 이들 반도체 기업에 빅테크 기업이 고객으로서 기대만큼 큰 도움은 되지 않을 수 있다. 그리고 빅테크 기업들이 개발하고 있는 반도체는 주로 자사의 모빌리티에 사용되는 반도체이다. 그러다 보니 기존 전문 차량용 반도체 기업들과는 그리 상관이 없다.

하지만 삼성전자, 퀄컴과 엔비디아와 같은 EUV 공정을 이용한 고성능의 첨단 차량용 반도체를 만드는 반도체 기업들엔 영향이 있을 거로 예상된다. 모빌리티용 반도체를 만드는 빅테크 기업들이 이들 기업으로부터 반도체를 구입하지 않을 가능성이 크기 때문이다. 나아가 빅테크 기업들이 자사의 모빌리티를 넘어 다른 기업들에도 개발한 반도체를 판매하게 된다면 더욱 큰 영향을 미치게 될 거로 보인다. 이들 반도체 기업은 빅테크 기업들과 경쟁해야만 하기 때문이다.

뿐만 아니라 앞으로 모빌리티 시장에 새롭게 진입하게 되는 빅테크 기업들과 경쟁을 하게 되는 상황까지도 생길 수 있다. 특히 빅테크 기업들이 만드는 칩이 반도체 기업들이 만드는 칩보다 성능에서 더 우수할 가능성이 크기 때문에 위협은 더 크게 느껴질 수 있다.

그나마 이들 반도체 기업들에 다행인 건 빅테크 기업들이 자사의 모빌리티에 사용하는 반도체를 위주로 개발할 가능성이 크다는 점이다.

만약 이들 반도체 기업들이 더욱 다양한 모빌리티용 반도체를 개발하게 된다면 경쟁을 피해 갈 수 있을 가능성도 있다. 나아가 앞으로 모빌리티용 반도체는 종류가 매우 다양해질 거고 사용되는 수량도 크게 늘어날 거로 보이기 때문에 이들 반도체 기업들에 기회는 얼마든지 있을 거로 예상된다.

이와 같은 상황에도 불구하고 파운드리 기업들엔 새로운 기회가 되고 있다. 삼성전자, 인텔과 TSMC 등의 첨단 반도체를 제조하는 파운드리 기업들은 빅테크 기업들을 새로운 고객으로 맞이하게 되기 때문이다. 특히 자율주행을 적용한 모빌리티가 다양하게 진화하게 되면 빅테크 기업들이 만드는 모빌리티용 반도체는 급격하게 증가할 거로 전망된다.

따라서 이들 파운드리 기업은 빅테크 기업들의 반도체 개발로 큰 수혜를 입을 거로 보인다. 그럼 빅테크 기업들이 자체적으로 파운드리 팹도 건설할 수 있을까? 이건 거의 불가능하다. 보통 팹을 1개 건설하는데 15조 원 정도 필요하기 때문에 아무리 빅테크 기업이라 하더라도 확실한 성공이 보장되지 않으면 이런 금액을 투자하기가 쉽지 않은 일이다.

더욱이 파운드리 사업은 제조기반의 사업이기 때문에 제조분야에 대한 경험과 노하우가 무엇보다 중요하다. 따라서 앞으로도 빅테크 기업들은 파운드리 시장에 진입하기는 어려울 수밖에 없다.

미래 모빌리티 시장이 어떤 식으로 변화해 나아갈지 무척 궁금해지고 있다. 모빌리티는 이전에 전혀 경험해 보지 못한 새로운 시장이기 때문이다.

하지만 모빌리티는 점점 우리에게 다가오고 있는 시장이며 조금씩 모습도 구체화되고 있다. 모빌리티 내에 어떤 반도체가 필요하고 얼마나 많은 반도체가 사용될지에 대해 대략적인 짐작은 할 수 있지만 아직 그 내용을 정확하게 알 수 없는 상황이다. 하지만 분명한 건 모빌리티가 반도체의 가장 중요한 시장이 될 거라는 점이다.

아무튼 빅테크 기업들의 모빌리티용 반도체 개발은 반도체 기업들이 풀어야만 할 과제임에는 틀림이 없다.

❸ 빅테크 기업의 모빌리티용 반도체 개발의 현황

이미 애플을 비롯한 많은 빅테크 기업이 반도체 개발에 나서고 있다. 지금은 반도체 개발을 하지 않고 있는 빅테크 기업이 거의 없을 정도로 붐이다. 빅테크 기업이 반도체를 개발하게 되면 많은 이점이 생길 수 있다는 건 애플을 통해서도 이미 증명되었다. 특히 모빌리티 시대에 진입하게 되면서 자사의 모빌리티에 들어가는 반도체를 개발하고 있는 빅테크 기업도 늘고 있는 상황이다. 물론 앞으로도 많은 빅테크 기업은 다양한 모빌리티를 만들 거로 예상하고 있기에 적지 않은 빅테크 기업이 자사의 모빌리티에 들어가는 반도체의 개발에 나설 거로 전망된다.

한편 모빌리티는 종류가 다양할 뿐만 아니라 앞으로도 더욱 다양해질 거로 전망되기 때문에 대부분의 빅테크 기업은 어떤 식으로든 모빌리티 시장에 진입할 거로 본다. 특히 앞으로 모빌리티 시장은 4차 산업의 시장 중 가장 규모가 큰 시장이 될 거로 예상된다. 이미 자율주행차 시장에 많은 빅테크 기업들이 진입하고 있다. 그리고 로봇, 첨단 드론과 PBV 등의 모빌리티 시장에도 많은 빅테크 기업이 이미 진입하고 있거나 진입할 예정이다. 이에 따라 빅테크 기업은 반도체 부족난을 겪지 않는 동시에 우수한 성능의 모빌리티를 만들기 위해서라도 반도체의 개발을 하지 않을 수 없는 상황이다.

지금도 모빌리티 시장은 아직 초기 단계에 불과하다. 본격적으로 모빌리티 시대에 돌입하게 되면 빅테크 기업들도 다양한 모빌리티를 시장에 선보일 거로 보인다. 그리고 모빌리티 시장에서 크게 앞서 나아가는 빅테크 기업이 4차 산업시대에 주도권을 가질 수 있을 거로 전망하고 있다.

(1) 테슬라

테슬라는 완성차 기업 중에서 반도체의 부족사태에 대해 가장 대응을 잘한 모범기업으로 꼽히고 있다. 실제로 테슬라는 코로나 19로 인한 반도체 부족의 심각성을 느끼지 못할 정도로 피해를 거의 입지 않았다. 그럴 수 있었던 건 테슬라가 다른 완성차 기업과 달리 처음부터 전기자동차로 사업을 시작하였기에 반도체의 중요성을 이미 깨닫고 반도체를 독자적으로 개발하였기 때문이다.

테슬라는 전기자동차에 대한 자율주행의 원활한 구현을 위해 반도체와 소프트웨어를 모두 자사에서 개발을 진행하고 있다. 테슬라는 사업 초기에 모빌아이 그리고 엔비디아와의 협력으로 칩 설계에서 도움을 받게 되었다. 하지만 테슬라는 자체적으로 기술을 습득한 후 2019년부터 자사의 자율주행용 칩을 출시하고 이어 2021년엔 7nm 공정으로 제조한 D1 칩을 공개하였다. 이 칩은 기존 칩과 비교해 크기는 작지만 성능은 더 우수하다. 테슬라는 이 칩의 성능을 계속해서 개선해 나아가고 있다.

이에 따라 테슬라는 외부로부터 반도체를 공급받을 필요가 없었으며 개발한 칩을 차량에 그대로 사용할 수 있었다.

〈그림 42〉 테슬라의 건물 전경

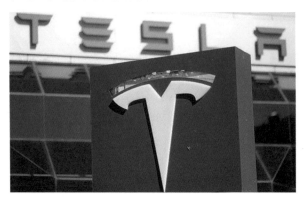

자료: 회사 자료

특히 다른 완성차 기업들은 차량의 엔진, 에어컨, 브레이크와 에어백 등의 각 부분에 MCU가 많이 필요하여 칩의 개수가 늘어날 수밖에 없는 구조이다. 하지만 테슬라는 차량의 중앙에 ECU가 전체를 제어하는 방식으로 반도체의 수량을 줄일 수 있었으며 나머지 반도체들도 부족할 경우 다른 반도체로 대체할 수 있도록 설계하였다.

나아가 테슬라는 여러 기능을 수행할 수 있는 통합 칩으로 개발하여 필요한 반도체의 수량을 줄이고 부족한 반도체는 소프트웨어를 재설계하는 방법으로 다른 반도체로 대체하여 반도체 부족난에 대응해 나아갔다. 뿐만 아니라 각 차량마다 전용으로 사용되는 반도체를 줄이고 반도체를 공용화하였다.

현재 테슬라는 삼성 파운드리에서 자율주행차의 핵심인 7nm 공정의 D1 칩에 이어 5nm 공정의 칩을 생산할 예정이다. 테슬라는 삼성 파운드리에 대해 칩 설계에 대한 지원, 가격대비 성능과 장기적인 협력 가능성 등에서 TSMC보다 우수하다는 평가를 내리고 있다(하지만 최근 테슬라도 TSMC를 파트너로서 고려 중인 거로 알려지고 있다).

한편 테슬라의 타 완성차 기업과 다른 경쟁력은 반도체와 소프트웨어를 모두 내재화하였다는 점이다. 특히 자율주행 소프트웨어가 효과적이고 효율적으로 운영될 수 있도록 반도체도 최적화되어 개발되었기 때문에 차량의 성능이 좋을 수밖에 없다.

앞으로도 테슬라는 반도체 부족으로 차량의 생산에 영향을 크게 받지 않을 거로 보인다. 특히 미국 정부는 반도체 부족사태에도 불구하고 급속하게 성장하고 있는 테슬라를 보고 노하우를 얻기 위해 도움을 요청하였던 적도 있다. 이에 따라 테슬라에 대한 기대는 자율주행차 시대에도 더욱 높아질 전망이다.

(2) 애플(Apple)

애플은 이미 인텔로부터 반도체를 공급받는 대신 자체적으로 개발한 반도체를 자사의 모바일과 PC 제품에 탑재하고 있다. 이 칩은 M1이라 불리는 칩으로 가격적인 이점뿐만 아니라 성능도 기존 인텔의 칩보다 우수한 거로 알려지고 있다. 나아가 최근엔 M2 칩도 출시하였으며 M1 칩보다 성능뿐만 아니라 전력소모 면에서 더 우수하여 궁극적으로 자율주행차에 탑재가 가능할 만한 수준으로 기술이 발전되고 있다.

현재 애플은 2014년부터 일명 타이탄 프로젝트라 불리는 자율주행차 개발 프로젝트를 시작하였다. 애플은 오랜 개발과정에서 많은 난관에 부딪히고 있는데도 불구하고 애플카의 개발을 포기하지 않고 2025년 출시한다는 계획이다. 애플은 테슬라와 마찬가지로 중앙집중형 운용체제, 다시 말하면 스마트폰처럼 모든 기능을 하나의 OS로 제어하는 레벨 3의 자율주행차를 출시할 예정이다.

이에 따라 애플은 자율주행차에 들어가는 AP도 자체적으로 개발하고 있다. 이 칩은 아이폰과 노트북인 맥 등에 탑재되는 프로세서를 만든 애플 실리콘의 개발팀이 만든 거로 C1 칩으로도 불리고 있다. C1 칩은 A12 바이오닉 프로세서를 기반으로 만든 SoC이다. C1 칩엔 눈 추적 기술과 같은 특수 자동차용 기술이 포함될 가능성이 있다. 그렇게 되면 운전자는 안구 추적 기술뿐만 아니라 음성 어시스턴트, 통합 5G 연결과 AI 기술을 이용할 수 있게 된다. 이에 따라 운전자는 자동차의 정보와 엔터테인먼트 시스템을 통제할 수 있게 되면서 화면을 클릭하여 메뉴를 선택할 필요가 없게 된다.

뿐만 아니라 C1 칩엔 자율주행의 핵심적인 기능을 수행하는 NPU를 비롯해 CPU와 GPU 등의 프로세서, 메모리반도체와 카메라 인터페이스 등이 들어가게 된다. 이 칩은 GaN 소재를 사용하였기 때문에 성능은 우수하지만 전력소비는 낮은 특징을 가지고 있다.

<그림 43> 애플카의 이미지

자료: 회사 자료

현재 C1 칩의 개발 프로젝트는 애플코리아가 주도적으로 맡고 있으며 2023년 말까지 개발을 완료할 예정이다. 그리고 한국 OSAT 기업에 모듈 및 패키지 개발을 맡기고 있는 거로 알려지고 있다. 칩의 생산은 TSMC에 위탁할 예정이며 미국 애리조나 팹에서 만들어질 거로 전망하고 있다.

나아가 애플은 국내 모 부품기업에 자율주행 센서 분야의 DCU(Domain Control Unit) 개발을 요청한 거로 알려졌다. 보통 DCU 아키텍처 자율주행차는 인포테인먼트, 모터 제어와 센서 등 3개 분야로 구분되어 DCU가 설계되고 있다. 센서 DCU에선 전장용 카메라, 레이더와 라이다 등을 통합하여 관리한다. 국내 수주 기업은 센서 분야의 DCU 개발을 맡게 된 거로 알려지고 있다.[25] 이외에도 애플은 다양

---

25) 박소라, "애플카, 중앙집중형 OS 추진…후공정 韓 협력사 담당" 전자신문 2022년 4월 13일 (https://www.etnews.com/20220413000248)

한 한국 기업과 협력할 예정으로 애플카는 한국 기업들에 많은 기회를 제공할 거로 예상하고 있다.

애플의 반도체 설계능력은 세계 최고일 정도로 우수한 평가를 받고 있다. 특히 애플의 혁신은 반도체에서 나온다는 말이 있을 정도이며 자사 제품에 최적화된 반도체의 개발에 많은 노력을 기울이고 있다. 이에 따라 애플은 앞으로의 모빌리티 시대에도 큰 기대를 걸어볼 만한 기업으로 보인다.

(3) 구글(Google)

구글은 2009년부터 자율주행차의 개발계획을 발표하였다. 빅테크 기업 중에서 가장 빠른 시기에 자율주행차 시장에 진입하였다.

최근 구글은 자체적으로 개발한 텐서 칩을 자사의 스마트폰인 픽셀 6에 탑재하였다. 텐서 칩은 ARM의 IP를 기반으로 만든 SoC로 칩의 출시에 삼성전자가 큰 역할을 한 거로 알려지고 있다. 과거 구글은 퀄컴의 칩을 사용하였지만 애플과 마찬가지로 독립하게 되었다. 구글은 텐서 칩을 개발하면서 얻게 된 기술력을 바탕으로 모빌리티용 칩도 개발 중이다. 이 칩은 라이다와 레이더 등 자율주행차에 적용된 각종 센서에서 수집되는 데이터를 연산할 뿐만 아니라 구글 데이터센터와 실시간 정보를 교환하면서 기능을 모두 컨트롤할 수 있게 만들 예정이다.

한편 구글의 자율주행 관련 사업을 주관하고 있는 기업은 웨이모 (Waymo)이다. 웨이모는 2016년 구글의 지주회사인 알파벳의 자회사로 분리되었다. 웨이모의 자율주행차는 일명 구글카로도 불리고 있으며 자율주행차의 개발과정에서 힘든 난관을 거치면서 부족한 자금은 몇 차례 투자를 받기도 하였다. 그리고 웨이모는 오랜 개발 기간으로 인해 경쟁사와 비교할 수 없을 정도로 압도적인 자율주행 데이터베이스를 구축하고 있다.

나아가 구글의 자율주행차에 탑재될 핵심 반도체의 초기 개발은 주로 삼성전자의 시스템LSI 사업부 내 커스텀 SoC 사업팀이 맡았다. 이에 따라 칩의 생산도 삼성 파운드리 사업부의 EUV 공정으로 진행할 거로 예상된다. 구글은 2017년 인텔과 파트너십을 맺고 자율주행용 핵심 칩을 개발한다는 소식도 있었으나 인텔과 어떤 식으로 진행되고 있는지는 잘 알려지지 않고 있다.

〈그림 44〉 웨이모의 자율주행차

자료: 회사 자료

구글은 자율주행차 사업을 미래의 핵심 성장동력으로 보고 있다. 자율주행차용 소프트웨어의 개발은 이미 완료한 거로 알려지고 있다. 따라서 지금은 자율주행차를 구동할 수 있는 핵심역할을 하는 AP의 개발에 중점을 두고 있다.

특히 최근 구글은 반도체의 설계에 AI 기술을 활용하고 있다. 그리고 수작업으로 수개월씩 걸리던 설계작업을 6시간 내 끝낼 수 있다. AI로 칩 설계의 속도가 빨라짐에 따라 자율주행용 칩의 개발에도 속도를 낼 수 있을 거로 보인다.

앞으로도 구글은 자율주행용 칩을 개발한 후 성능을 지속적으로 향상시키려 노력할 거로 예상하고 있다. 이미 구글은 소프트웨어에서 세계 최고의 수준에 이르고 있기에 반도체의 성능도 이에 맞게 향상시켜야만 하기 때문이다. 만약 구글이 자사 모빌리티용 반도체마저 최고의 성능을 낼 수 있게 되면 자율주행차 시장에서도 리딩 기업으로 성장해 나아갈 수 있을 거로 예상된다.

(4) 바이두(Baidu)

바이두는 중국에서 검색 엔진과 온라인 광고 서비스로 잘 알려진 기업이다. 하지만 자동 개인음성 비서와 AI 반도체 분야에 투자를 시작으로 2017년부터 자율주행 분야에 많은 투자를 진행하고 있다. 그리고 바이두는 중국의 구글로도 불리고 있으며 구글과 마찬가지로 전기자동차를 만들고 있다. 바이두는 구글보다 늦은 2015년 처음으로 자율주행 사업부를 신설하였다. 아울러 바이두는 2021년 중국 자동차 기업인 지리(Geely Automobile Holdings Limited)와 같이 전기자동차를 제조하는 지두자동차(Jidu Auto)란 벤처기업을 설립하였다. 이를 통해 바이두는 자율주행차를 신성장동력으로 육성하기 위해 노력하고 있다.

바이두는 2018년 독자적으로 개발한 AI 칩인 쿤룬을 공개한 적이 있다. 이 칩의 다음 버전으로 7nm 공정을 사용해 만든 2세대 쿤룬 2 칩은 기존 쿤룬 칩보다 최대 3배 높은 처리 능력을 보유하고 있다. 이에 따라 쿤룬 2 칩은 많은 양의 데이터를 처리할 수 있을 뿐만 아니라 컴퓨팅 성능을 향상시킬 수 있어 자율주행차에 사용하기 적합하다. 현재 이 칩은 삼성 파운드리를 통해 대량으로 생산되고 있다. 나아가 음성인식, 검색, 자연어처리와 추천 서비스 등에도 활용이 가능할 뿐만 아니라 AI 기능을 지원할 수 있는 칩이다.

이와 같이 바이두는 AI를 활용한 자율주행 소프트웨어의 개발에 이어서 AI 반도체 개발의 영역까지 사업을 확장하게 되었다. 나아가 바이두는 2021년 쿤룬 신커지(Kunlun Chip Technology)란 사명으로 반도체 사업을 별도의 회사로 분사시키게 되었다. 이는 반도체 시장에서의 입지를 강화하기 위한 전략으로 보인다. 그리고 바이두의 AI 반도체 부문에 대한 가치 평가액이 2021년 기준으로 이미 20억 달러(약 2조 2,600억 원)를 넘어서고 있는 거로 평가되고 있다.

〈그림 45〉 쿤룬 칩의 이미지

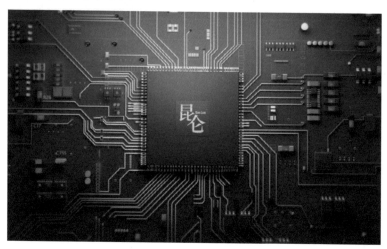

자료: 회사 자료

뿐만 아니라 바이두는 홍후(Honghu)라 불리는 음성 반도체를 개발하였으며 이 프로젝트는 다른 별도의 반도체 사업부에서 운영하고 있다. 최근 바이두는 홍후를 처음으로 탑재하여 양산한 차종인 보위에X(BoyueX) 모델을 시장에 출시하였다. 이 칩으로 홍후지능음성 연산플랫폼을 차량에서 운영할 수 있게 된다. 이 칩은 양방향으로 음성 제어를 할 수 있을 뿐만 아니라 운전자를 음성으로 깨우거나 명령하는 기능도 수행할 수 있다.

이와는 별도로 개발하기 어려운 칩은 타사의 제품을 적극적으로 사용하고 있다. 바이두는 자사의 전기자동차에 스마트 콕핏을 구현하기 위해 퀄컴과 협력하고 있다. 바이두는 퀄컴의 4세대 스냅드래곤 차량 디지털 콕핏 플랫폼인 5nm 공정으로 제작된 퀄컴 8295 칩을 세계 최초로 자사의 차량에 탑재하고 있다.

앞으로도 바이두는 성장에 박차를 가하기 위해 자율주행차에 많은 투자를 진행할 거로 예상할 수 있다. 나아가 바이두는 자사의 차량에 들어가는 모든 반도체를 자체적으로 개발하려는 노력을 기울일 거로 본다. 특히 바이두는 칩의 설계에서 이미 최상위 수준에 근접하고 있기 때문에 앞으로도 더욱 고성능의 모빌리티용 반도체를 출시할 수 있을 거로 전망하고 있다.

(5) 알리바바(Alibaba)

알리바바는 잘 알려진 바와 같이 중국 최대 규모의 전자상거래 기업이다. 알리바바도 2015년부터 자율주행 사업에 깊은 관심을 가지고 많은 투자를 진행하고 있다. 알리바바가 자율주행에 관심을 가지고 있는 이유는 급격하게 늘어나고 있는 전자상거래 매출에 따라 물류 능력을 강화할 필요가 있었기 때문이다.

알리바바는 앞으로 자율주행 기술의 활용을 잘 하게 된다면 배송 비용의 절감효과가 매우 클 거로 기대하고 있다. 실제로 알리바바가 개발한 자율주행 물류 로봇인 샤오만뤼(Xiaomanlv)는 라스트마일 무인 배송로봇으로 물류비를 획기적으로 감소시키고 있다.

샤오만뤼는 최후 3km 구간의 택배, 음식 배달과 신선식품 배송 등에 사용되는 레벨 4 수준의 기술이 적용된 자율주행 로봇이다. 알리바바는 그동안 전자상거래 사업에서 쌓아온 물류 경험을 바탕으로

자율주행 기술을 빠르게 다양한 모빌리티에 적용할 수 있었다. 나아
가 알리바바는 특수 목적의 자율주행이 가능한 다른 로봇들도 조만
간 출시할 예정이다. 더욱이 알리바바는 레벨 4의 자율주행 트럭도
개발을 진행하고 있으며 도로 테스트 면허도 이미 취득하였다.

한편 알리바바도 선도적인 빅테크 분야의 혁신자로서의 입지를
다지기 위해 이미 자율주행차에 사용할 수 있는 AI 칩을 자체적으로
개발하였다. 이 프로젝트는 자회사를 통해 수년 전 이미 개발을 완료
하였다. 알리바바는 2018년 팹리스 기업인 중톈웨이(SkyMicro)를 인
수하고 나서 핑터우거(Pingtouge)란 반도체를 개발하는 자회사를 설
립하였다.

〈그림 46〉 알리바바의 건물 전경

자료: 회사 자료

특히 알리바바는 미중간 무역전쟁으로 미국으로부터 칩의 안정적
공급에 불안을 느끼게 됨에 따라 자체적으로 자율주행차용 칩을 개
발할 수밖에 없는 모멘텀이 생기게 되었다. 알리바바는 자체적으로

개발한 자율주행 기술에 다양한 칩의 테스트도 이미 끝마친 상태로 자사의 다양한 모빌리티에 칩을 탑재시키고 있다.

더욱이 알리바바는 핑터우거를 통해 2019년 Xuantie 910 코어 프로세서를 개발하여 출시하였다. 이 칩도 자율주행에 사용이 가능하며 ARM의 IP를 대신할 수 있는 오픈 소스의 RISC-V(대부분의 ISA와 다르게 RISC-V ISA는 어떠한 목적이든 마음대로 사용할 수 있다. 즉 누구든지 RISC-V 칩과 소프트웨어에 대해 설계, 제조와 판매를 할 수 있다) 칩이다.

뿐만 아니라 알리바바는 2021년 3D IMC(In-memory Computing) 칩도 처음으로 개발하였다. 이 칩은 고성능의 로직과 고용량의 메모리 기능을 동시에 수행할 수 있으며 AI 기능도 탑재하고 있다. 이 칩은 VR/AR, 원거리 센싱, 데이터 분석과 연산 분야를 넘어 자율주행 분야에도 사용이 가능하다.

앞으로도 알리바바는 자율주행 기술을 다양한 모빌리티에 적용할 예정이다. 그리고 더욱 다양한 모빌리티의 개발을 위해 독자적으로 개발한 반도체가 필요하기 때문에 미래에도 다양한 모빌리티용 반도체가 개발될 거로 예상하고 있다. 이에 따라 앞으로도 알리바바는 반도체를 포함한 모빌리티 분야에 많은 투자를 진행할 거로 본다.

자율주행용
반도체
비즈니스의
미래

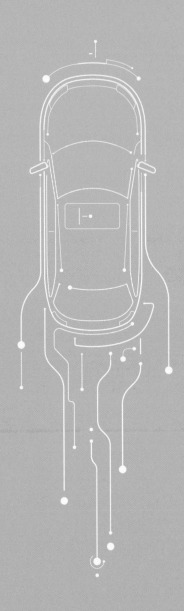

자율주행이 점점 현실로 다가오고
있다. 지금 대부분의 모빌리티 기업은 이미 레벨 3의 단계에 접어들
고 있다. 아직까지 레벨 5가 언제 실현이 될지 전망하기는 쉽지 않은
상황이지만 조금씩 레벨 5에 다가가고 있다는 건 틀림이 없는 듯하
다. 그리고 완전 자율주행에 도달하기 위해선 무엇보다 반도체의 기
술발전이 중요하다. 즉 반도체의 기술발전이 자율주행에 가장 중요
한 키를 쥐고 있다고 해도 과언이 아니다. 이미 반도체의 미세공정은
3nm에 도달하고 있으며 앞으로 3년 내 2nm 공정까지 진행이 될 거
로 예상한다. 따라서 앞으로도 반도체의 성능이 획기적으로 개선될
거로 기대된다.

　나아가 점진적으로 모빌리티 시대로 진입함에 따라 전체 반도체
중에서 AI 반도체가 차지하는 비중도 더욱 높아질 전망이다. 미래의
반도체 중 약 3분의 1이 AI 반도체가 될 거라는 전망도 있다. 특히
완전 자율주행이 실현되기 위해 AI 반도체의 역할이 무엇보다 중요
하다. 모빌리티가 스스로 모든 거를 판단하고 주행해야만 하기 때문

이다. 그리고 완전 자율주행이 실현되어 가는 과정에서 기존 자동차에 쓰이지 않았던 새로운 반도체도 더욱 필요해진다.

하지만 아직까지 어떤 반도체가 모빌리티에 새롭게 쓰일지에 대해 구체적으로 예측하는 건 쉽지 않은 일이다. 모빌리티에 대한 사용자의 필요에 따라 모빌리티의 내부가 완전히 달라질 수 있기 때문이다. 그럼에도 불구하고 중요한 건 모빌리티에 보다 다양한 반도체가 쓰이게 될 거라는 점이다.

나아가 앞으로 모빌리티의 종류도 많아질 뿐만 아니라 다양한 기능이 탑재될 거로 예상된다. 특히 모빌리티는 기존 자동차보다 복잡하여 어떤 반도체가 어떤 식으로 새롭게 필요해지게 될지에 대해 반도체 기업들도 알기 어렵다. 이런 문제를 해결하기 위해 모빌리티 기업과 반도체 기업의 커뮤니케이션이 중요한 일이다.

지금 우리가 사용하고 있는 자동차엔 필요한 반도체의 종류가 어느 정도 정해져 있다. 하지만 자동차가 모빌리티로 전환되면서 지금 자동차에 쓰이고 있는 반도체뿐만 아니라 새롭게 사용되는 반도체의 종류도 지속적으로 늘어나게 된다. 모든 종류의 모빌리티에 자율주행과 전동화가 기본이 되기 때문이다. 아울러 모빌리티 산업이 성장하게 됨에 따라 반도체 산업도 동반 성장하게 된다. 레벨 5의 완전 자율주행의 시대가 도래하게 되면 모빌리티 1대당 최대 2만 개 이상의 반도체가 쓰일 수도 있다.

나아가 모빌리티 시대로의 전환에 따라 다양한 통신을 위한 데이터의 양도 급격하게 증가하기 때문에 데이터센터도 크게 늘어나게 될 수도 있다. 그리고 데이터센터에도 많은 반도체가 사용되어 반도체 산업을 더욱 성장시키는 선순환이 이루어질 거로 전망된다.

결과적으로 모빌리티 시대엔 반도체 비즈니스도 더욱 활성화될 수밖에 없다. 지금 많은 빅테크 기업뿐만 아니라 완성차 기업, 전자 기업과 스타트업 기업 등이 모빌리티 산업에 진입하고 있다. 모빌리티 산업은 자동차 산업보다 3배 이상 커질 거로 보이기 때문에 반도체 기업들로서 모빌리티 시장은 큰 기회의 장이다. 특히 기존 차량용 반도체 기업들의 모빌리티 시장진입뿐만 아니라 모빌리티 시장에 새롭게 진입하는 반도체 기업들도 더욱 많아지게 될 전망이다. 어느 정도 규모가 있는 글로벌 반도체 기업들은 이미 모빌리티 시장에 진입하고 있다.

뿐만 아니라 모빌리티의 종류도 크게 증가하고 있는 추세이다. 미래엔 자율주행차를 포함한 UAM, PBV, 배송로봇, 첨단드론과 마이크로 모빌리티(Micro Mobility) 등의 모빌리티가 더욱 활성화될 전망이다. UAM은 도시항공교통으로 3가지 종류가 있다. 멀티콥터 (Multicopter), 리프트 플러스 크루즈(Lift+Cruise)와 백터드 쓰러스트 (Vectored Thrust)이다.

멀티콥터는 도시 내 이동과 관광에 적합하고 리프트 플러스 크루즈는 공항셔틀 등에 사용될 거로 보이며 백터드 쓰러스트는 도시 간 이동 등에 활용될 거로 예상된다. PBV는 고객이 원하는 대로 용도를 달리할 수 있는 모빌리티이다. 예를 들면 오피스, 식당, 카페, 숙박공간과 약국 등의 용도로 사용할 수 있다. PBV는 내외부의 디자인뿐만 아니라 좌석 배치를 원하는 대로 할 수 있다. 나아가 내부의 전자제품도 필요한 대로 다양하게 구비할 수 있다.

배송로봇은 각종 물품을 배달하는 용도로 쓰이는 모빌리티이다. 실내에서 고객에게 물품을 전달하는 로봇과 실외에서 물품을 배달하는 로봇으로 나눌 수 있지만 앞으로 실내외 모두 배달이 가능한 로봇도 개발될 거로 보인다.

첨단 드론은 배송을 포함한 무인창고의 재고관리 자동화 등 미래 시대에 물류의 새 역사를 만들 수 있는 혁신 모빌리티이다. 앞으로 전 세계적으로 드론을 통한 배송시장은 급속하게 커질 전망이다. 마이크로 모빌리티는 전기를 기반으로 움직이는 다양한 크기와 형태를 가진 1인용 혹은 2인용 모빌리티이다. 전기 스쿠터와 초소형 전기자동차 등으로 미래 교통의 핵심이라 할 수 있다.

이와 같이 다양한 모빌리티에 많은 반도체가 사용된다. 본격적으로 모빌리티 시대에 진입하게 되면 사용되는 반도체는 기하급수적으로 증가할 수밖에 없다. 이에 따라 더욱 많은 기업이 모빌리티용 반도체 개발에 뛰어들 거로 예상할 수 있다.

08 ▷ 궁극의 목적, 완전 자율주행

레벨 5의 자율주행은 사람이 굳이 개입하지 않더라도 차량이 스스로 목적지에 도착하게 해준다. 따라서 자율주행차는 인류가 오랜 기간 바라온 꿈이라 할 수 있다. 이렇게 되면 우리는 보다 안전하게 목적지에 도착할 수 있을 뿐만 아니라 차량 내에서 다양한 활동이 가능해 시간을 효율적으로 사용할 수 있다. 정말 꿈만 같은 일이다. 물론 레벨 5의 완전 자율주행까지 언제 가능할지는 의견이 분분하지만 언젠가는 실현된다는 사실에는 이견이 없다. 그렇게 되면 우리의 생활은 매우 편리해질 수 있을 뿐만 아니라 주변 환경도 많이 바뀌게 된다. 물론 완벽한 자율주행을 위해선 아직도 해결해야만 하는 과제들도 많다. 그리고 이런 과제들은 많은 부분이 반도체와 관련이 되어 있다. 반도체 기술이 더욱 발전되지 않으면 자율주행은 완성될 수 없다. 특히 자율주행에서 AI 반도체가 중요한 역할을 하게 된다. 완전 자율주행이 이루어지려면 카메라와 센서 등을 이용해 하루 평균 3-4만GB에 달하는 정보를 수집해야만 한다. 그리고 수집된 거대한 양의 정보를 즉시 분류하고 처리해야만 한다. 이게 인간의 뇌와 같은 빠른 AI 반도체가 필요한 이유이다. 하지만 현재의 기술로선 그 정도 수준에 이르는 게 결코 쉽지 않은 과제이다.

특히 자율주행용 AI 반도체는 복잡한 상황을 빠르게 인식하고 판단할 수 있어야 하며 대량의 데이터를 동시에 처리할 수도 있어야만 한다. 이러다 보니 자율주행차에 사용되기 적합한 AI 반도체를 개발하는 데 많은 시간이 필요하다. 그리고 자율주행차에서 고차원의 연산이 가능한 고성능 기술이 필요해짐에 따라 AI 반도체는 스스로 데이터를 파악하고 수집할 뿐만 아니라 추론까지 할 수 있어야만 한다.

이런 AI 반도체의 다양한 기능은 자율주행을 가능하게 만드는 핵심기술이다. 더욱이 AI 반도체는 차선과 차량을 감지하는 수준을 넘어 보행자와 표지판과 같은 주변 환경을 거의 실시간으로 인식해야 하고 주행하고 있는 전체적인 상황도 정확하게 판단할 수 있어야 한다. 나아가 필요할 경우 AI 반도체는 차량 내 상황을 감지해 통신두절이 발생하면 자체적으로 복구해야만 할 뿐만 아니라 대용량의 데이터를 빠르게 전송할 수도 있어야만 한다. 이런 상황이다 보니 완전 자율주행에 적합한 AI 반도체를 개발하는 게 그리 쉬운 일이 아니다.

나아가 자율주행은 자동차에만 국한된 얘기가 아니다. 특수한 목적의 모빌리티에도 자율주행이 적용된다. 예를 들면 사람을 대신해 화재가 발생한 장소에 자율주행 로봇을 투입할 수 있으며 전쟁터나 소방 점검에도 자율주행 로봇을 투입할 수도 있다.

이외에도 우리가 자율주행을 활용하여 혜택을 볼 수 있는 부분은 생각 외로 많다. 특히 자율주행차로 인해 이동이 불편한 노인들의 생활반경이 넓어지게 된다. 따라서 소비 진작에도 긍정적으로 작용하여 경제 활성화에도 도움이 될 거로 본다. 나아가 장애인과 아이들이 다른 사람의 보살핌이 없이 그들 스스로 원하는 장소로 이동할 수도 있어 불필요하게 지출되는 비용도 줄일 수 있다.

지금 이 시각에도 완벽한 자율주행을 실현하기 위해 전 세계적으로 많은 사람이 노력을 기울이고 있다. 물론 앞으로도 완전 자율주행차를 개발하는 과정에서 많은 시행착오가 예상되고 있지만 머지않은 미래엔 모든 난관을 해결할 날이 올 거로 예상한다.

■ 점점 다가오고 있는 자율주행

자율주행은 1960년대 독일 완성차 기업인 벤츠가 처음으로 제시한 개념이다. 1970년대부터 본격적으로 자율주행차의 개발을 위한 연구가 시작되었다. 그 후 많은 국가에서 초보적인 수준의 자율주행차가 개발되었다.

특히 2010년대 후반 딥러닝을 이용한 자율주행 기술에 대한 투자

바람이 거셀 때 전 세계 자동차 업계에서 2020년대 초반이 되면 자율주행이 실현될 거로 전망한 적도 있다. 하지만 오랜 개발 기간에도 불구하고 레벨 5의 완전 자율주행은 아직도 실현되지 못하고 있을 뿐만 아니라 언제까지 개발이 끝나게 될지도 미지수이다. 자율주행 기술을 개발하는 과정에서 생각보다 많은 기술적 난제를 겪고 있기 때문이다. 테슬라의 CEO인 일론 머스크(Elon Musk)도 완전 자율주행차를 조만간 출시하겠다는 장담을 몇 차례 한 적이 있다. 하지만 개발하는 과정에서 많은 어려움을 겪으면서 완전 자율주행이 생각보다 쉽지 않은 기술이란 사실을 스스로 인정할 수밖에 없었다.

그럼에도 불구하고 우리가 머릿속에서 상상만 하던 자율주행의 시대가 머지않은 미래로 점점 더 가까이 다가오고 있다. 지금도 많은 기업이 자율주행 사업에 뛰어들면서 경쟁적으로 개발을 진행하고 있기 때문이다. 현재 자율주행차는 미국과 중국 기업이 시장을 주도하고 있으며 운영하고 있는 전체 자율주행차도 각각 1천 대 이상이다. 한국은 여러 측면에서 아직 선진국들과 비교해 많이 부족한 상황이다. 하지만 한국 정부는 2024년까지 자율주행에 관한 모든 법과 제도를 정비하고 2027년엔 레벨 4 수준의 자율주행차를 상용화한다는 방침을 이미 정하였다.

나아가 전 세계적으로 자율주행차의 시장도 급속하게 성장하고 있는 중이다. 글로벌 컨설팅 기업인 KMPG의 연구결과에 의하면 2020년 71억 달러(약 7조 2,600억 원)로 집계되었던 자율주행차 시장은 2035년 1조 1,204억 달러(약 1,468조 원) 수준으로 성장하게 될 거로 예측하고 있다. 이는 매년 평균적으로 40% 이상 급성장을 하게되는 셈이다. 국내 자율주행차 시장도 2020년 1,500억 원에서 2035년이 되면 26조 원 수준으로 커지게 될 전망이다.

완성차 기업들은 레벨 1단계부터 3단계까지 거치면서 자율주행차를 개발해 오고 있지만 빅테크 기업 중엔 레벨 4단계에 바로 진입한 경우도 있다. 완성차 기업들이 자율주행차의 개발에 유리할지 아니면 빅테크 기업들이 유리할지 아직 장담하기는 이르다. 분명 완성차 기업이든 빅테크 기업이든 나름대로 장단점이 있기 때문이다. 하지만 분명한 건 가장 빠르게 자율주행차를 개발하여 상용화하는 기업이 먼저 거대한 시장을 선점할 수 있다는 사실이다.

나아가 자율주행은 모빌리티에도 필수이기 때문에 어느 기업이나 모빌리티 사업에 뛰어들려면 어떻게 해서든 자율주행 기술을 확보해야만 한다. 그리고 자율주행 기술을 습득할 수 있는 기업은 모빌리티 시장에서도 유리한 고지를 점할 수 있다. 자율주행 기술을 활용하여 다양한 모빌리티를 개발할 수 있기 때문이다. 뿐만 아니라 미래의 모빌리티 시장은 상상 외로 규모가 크기 때문에 많은 기업에 큰 기회의 시장이다. 따라서 앞으로도 적지 않은 기업이 모빌리티 시장에 새롭게 진입할 거로 본다.

한편 자율주행차의 기술개발에 가장 앞서고 있는 기업은 바로 바이두이다. 바이두는 2021년 자율주행 택시(로보택시)인 아폴로 RT6(Apollo RT6)를 공개하였다. 이 자율주행 택시는 레벨 4의 자율주행 시스템을 장착하였다. 핸들이 탈착식으로 되어 있어 주행 시 핸들을 뗄 수 있는 게 특징이다. 아폴로 RT6의 서비스는 올해 시작되며 테슬라보다 최대 1년은 빠른 거로 평가되고 있다.

지금도 자율주행 기술은 시간이 지날수록 조금씩 발전하고 있다. 비록 빠른 속도로 발전하고 있는 건 아니지만 조금씩이라도 발전을 지속하고 있다는 사실이 중요하다. 물론 아직 언제 레벨 5의 완전 자율주행차가 출시되고 상용화될 수 있을지 확실하게 예측하는 건 쉽지 않은 일이다. 하지만 자율주행의 시대가 우리 곁에 점점 다가오고 있다는 사실을 느낄 수 있을 정도로 자율주행차에 대한 사람들의 인식도 바뀌고 있다.

② 현재의 자율주행 단계와 과제

지금도 많은 국가와 기업이 레벨 5의 완전 자율주행을 실현하기 위해 노력을 기울이고 있다. 자율주행의 개발은 인류의 새로운 도전의 과정이다. 따라서 개발과정에서 우리가 예상하지 못하였던 다양한 변수가 존재할 수 있다. 하지만 그동안 인류는 상상을 현실로 만들면서 세상을 변화시켜 오고 있다. 따라서 불가능할 거처럼 보이는 기술이라 하더라도 꾸준하게 진행해 나아간다면 어떤 어려운 과정이라도 극복할 수 있다.

완전 자율주행이 실현되는 시기야말로 진정한 모빌리티 시대의 진입이라 할 수 있다. 지금은 완전 자율주행을 실현하기 위한 과도기적 시기이다. 이미 레벨 3단계가 완성되어 레벨 4단계에 진입하고 있지만 앞으로도 개발과정에서 더욱 많은 어려움을 겪게 될지도 모른다. 레벨 4가 개발하기 가장 어려운 단계라 볼 수 있기 때문이다. 실제로 레벨 4부터는 자동차가 주변 상황을 정확하게 인식하고 거의 모든 거를 스스로 판단하면서 주행을 해야만 한다. 하지만 도로와 차량 주변의 상황은 시시각각으로 변화하고 언제 있을지 모르는 돌발 상황에도 즉각적으로 대응해야만 하기 때문에 개발과정이 결코 쉽지 않은 상황이다. 특히 자율주행차가 고속으로 주행할 때 돌발 상황에 대한 빠른 대응은 필수이다. 그렇지 않으면 바로 사고가 발생하기 때문이다. 따라서 자율주행이 상용화되려면 무엇보다 안전이 가장 중요하다. 안전이 확보되지 않으면 누구든 자율주행에 자신의 목숨을 맡기려 하지 않을 게 분명하다.

현재 대부분의 완성차 기업이 레벨 3까지 개발이 거의 끝난 상태로 레벨 4의 개발이 한창 진행되고 있다. 지금의 상황을 종합적으로 판단해 보면 레벨 4는 빠르면 2025년까지 어느 정도 개발이 완료될 거로 기대를 하고 있다. 물론 개발과정에서 언제든 예측하지 못한 상황이 발생할 수 있기 때문에 경우에 따라 더 늦어질 가능성은 얼마든지 있다.

뿐만 아니라 완전 자율주행의 시대가 되면 자율주행 기술을 활용한 더욱 다양한 모빌리티가 출현하게 될 거로 예상한다. 물론 지금도 많은 모빌리티가 조금씩 윤곽을 드러내고 있다. 그리고 완전 자율주행의 시대가 도래하면 모든 이동수단은 스스로 알아서 움직이게 될 가능성이 높다. 우리의 삶이 획기적으로 변화하게 되는 셈이다.

문제는 자율주행이 단지 기술만 개발이 끝나게 된다고 해서 상용화가 되는 건 아니라는 점이다. 기술적인 부분 이외에도 해결해야만 하는 다양한 문제들이 남아 있다. 예를 들면 아래와 같은 5가지 문제들이며 이 문제들에 대해 구체적으로 알아보도록 한다.

첫째, 자율주행에 적합한 도로와 모바일 네트워크 등에 대한 인프라 구축이 필요하다. 그런데 문제는 이런 인프라 건설에 막대한 비용이 든다는 점이다. 자율주행차에 적합한 전용 도로와 모바일 네트워크 등을 새로 만들고 도로상의 대부분 차량이 자율주행차가 되어야만 안전하게 차량을 운행할 수 있게 된다.

둘째, 택시 기사를 포함한 운전직 종사자들의 생계대책이 필요하다. 이들은 자율주행차의 도입에 따라 직장을 잃게 되기 때문에 크게 반발할 수 있다. 따라서 이들에 대한 최소한의 생계대책이라도 마련되어야만 한다.

셋째, 법과 제도의 정비가 필요하다. 우리나라에서 자율주행차가 상용화되려면 자동차 관리법, 도로교통법과 국가배상법 등이 개정되어야 한다. 이런 법들이 새로 개정되지 않으면 자율주행차의 상용화 속도도 그만큼 늦추어질 수밖에 없다. 물론 한국도 2020년 5월 자율주행차 상용화 촉진 및 지원에 관한 법률을 이미 시행하였다. 하지만 자율주행차의 활성화를 위한 전용 면허제 도입 및 보험 신설 등과 같은 제도가 아직 정비되지 않고 있다.

넷째, 보안과 데이터 사고가 발생할 경우를 대비해 책임 제도의 정비가 필요하다. 하지만 이와 같은 사고의 발생에 대한 책임 문제가 아직도 해결되지 않고 있다. 특히 자율주행차가 도입되면 각종 보안 문제가 심각한 이슈로 떠오를 가능성이 있다. 따라서 이에 대한 철저한 대비도 필요하다.

다섯째, 기술 수용에 시간이 필요하다. 일반적으로 사람들은 신기술에 대한 선입견을 가지고 있다. 예를 들면 자율주행 기술이 안전성과 신뢰성을 확보하기 어렵다는 생각이다. 따라서 사용자들이 자율주행 기술을 받아들이는 데 어려움을 느낄 수 있으며 이는 생각보다 훨씬 많은 시간이 걸릴 수 있다.

결과적으로 기술을 포함한 모든 거에 대한 준비가 철저하게 되어야만 비로소 자율주행차가 상용화될 수 있다. 따라서 지금부터라도 우리는 미래의 자율주행 시대에 단계적으로 준비를 시작해 나아갈 필요가 있다.

❸ 자율주행과 함께 늘어나는 반도체

자율주행의 시대가 점점 다가오고 있다. 일반적으로 레벨 3부터 본격적으로 자율주행의 시대에 진입하는 시기라 볼 수 있다. 지금 생산량이 급격하게 늘고 있는 전기자동차는 미래의 완전 자율주행을 준비하는 과정이다. 우리가 주변을 살펴보더라도 전기자동차가 매년 급속하게 증가하고 있는 거를 느낄 수 있다.

앞으로 도로에서 전기자동차가 내연기관 자동차보다 많아지는 날이 머지않은 시기에 올 거로 전망한다. 이에 따라 차량에 반도체의 사용량도 급속하게 증가하게 된다. 보통 전기자동차는 내연기관의 자동차보다 3배 이상 반도체가 더 사용되고 있다. 그리고 전기자동차에서 레벨 3의 자율주행차로 생산이 본격화되면 3배 이상 반도체가 더 필요한 상황이다.

현재 차량용 반도체는 주로 섀시 제어, 파워트레인 제어, 바디 제어와 정보통신 기능을 위해 사용된다. 하지만 완전 자율주행차로 전환되면 차량의 거의 모든 부분이 반도체로 이루어진다. 따라서 미래에도 모빌리티 기업들이 반도체의 공급 문제를 제대로 해결하지 못하게 되면 반도체 부족난의 사태는 언제든지 재발하게 될 가능성이 크다.

한편 미래의 자동차는 자율주행, 전동화와 커넥티비티의 특징을 가지게 된다. 이는 바로 자동차에서 반도체가 핵심이 된다는 의미이다. 자동차의 자율주행에 따라 ADAS를 구동하기 위해 많은 반도체가 필요해지고 전동화에 따라 모든 게 자동화되어 반도체가 그 역할을 수행한다. 나아가 차량과 모든 게 서로 연결됨에 따라 통신이 필요하기 때문에 통신 반도체가 더욱 많이 필요하다. 한마디로 반도체가 없으면 자동차의 모든 기능이 거의 불가능에 가깝게 되는 셈이다.

물론 지금 주로 생산되고 있는 자동차는 레벨 1과 2에 머물고 있기 때문에 반도체의 필요수량이 그리 많지 않다. 하지만 레벨 3과 4

로 이어지면서 반도체의 수요가 급속하게 증가할 수밖에 없다. 나아가 앞서 말한 대로 레벨 5의 완전 자율주행차로 전환되면 대당 최대 2만 개 이상의 반도체가 필요하게 될 수도 있다. 그리고 자율주행차에 사용되는 반도체 중에서 DCU와 센서 등과 같은 고성능 칩이 가장 빠르게 성장하는 시장이 될 거로 예상한다. DCU는 ECU와 더불어 자율주행차의 핵심 부분인 ADAS에 사용되며 카메라, 레이더 그리고 라이다와 같은 센서에서 인지한 정보를 빠르게 판단할 뿐만 아니라 처리하는 역할도 수행하게 된다.

이미 언급한 바와 같이 자율주행 기술은 자동차에만 적용되는 게 아니라 다양한 모빌리티에도 적용이 가능하다. 그리고 반도체는 기존 내연기관 자동차와 더불어 모빌리티에서도 핵심적인 부품이다. 특히 반도체 기술의 지속적인 발전은 모빌리티 시대로의 전환을 위한 탄탄한 기반을 제공할 수 있을 뿐만 아니라 에너지 효율을 개선시키는 역할을 수행하여 친환경의 모빌리티에도 도움을 준다.

결과적으로 모빌리티 시대가 본격적으로 도래하게 되면 모빌리티는 반도체 산업을 이끌어 가게 될 가장 중요한 시장이 될 전망이다.

이에 따라 앞으로 모빌리티용 반도체 시장의 규모는 엄청나게 커지게 된다. 이는 많은 기업이 시장에 진입하는 이유라 봐야 한다.

나아가 모빌리티에 필요한 반도체는 차량용 반도체를 포함하고 있으며 종류도 더욱 다양해질 거로 예상한다. 앞으로 모빌리티의 종류가 더욱 많아질 거로 보이므로 각 모빌리티마다 새롭게 필요한 반도체는 늘어날 수밖에 없다. 그리고 모빌리티의 종류에 따라 필요한 반도체의 종류도 달라지게 된다. 또한 각 모빌리티의 상황에 따라 필요한 반도체의 종류와 수량도 크게 달라질 수 있다.

한편 모빌리티는 사용자 경험을 다양화하고 편의성을 높이기 위해 지속적으로 더 많은 기능의 도입이 필수이다. 그리고 모빌리티 시장에서 고객의 요구가 더욱 다양해지고 까다로워질 거로 예상됨에 따라 필요한 반도체의 수량도 늘어날 수밖에 없다.

물론 모빌리티 시장은 이제 막 시작되는 단계이기 때문에 모빌리티가 어떤 식으로 발전해 나아가게 될지 정확한 판단을 내리기는 쉽지 않다. 따라서 모빌리티에 필요한 반도체의 수요도 얼마나 될지 정확하게 예상하는 건 쉬운 일이 아니다.

그럼에도 불구하고 모빌리티 시장이 어떤 식으로 성장하고 변화해 나아갈지에 대해 반도체 기업들은 주의 깊게 관찰할 필요가 있다. 특히 모빌리티 기업과의 긴밀한 네트워크뿐만 아니라 신뢰 구축이 무엇보다 필요할 수 있다. 그래야만 모빌리티에 어떤 반도체가 필요하고 어떤 식으로 반도체의 개발을 진행해 나아갈지 미리 준비할 수 있기 때문이다.

결론적으로 고객의 다양한 니즈를 잘 파악하고 적절하게 대응할 수 있는 반도체 기업만이 모빌리티란 거대한 시장에서 시장을 선점하고 살아남을 수 있을 거로 본다.

④ 데이터 사용의 급증에 따른 메모리반도체의 증가

현재 자동차는 개인이 보유하고 있는 제품 중에서 크기가 가장 클 뿐만 아니라 가격도 가장 비싸다. 그리고 자동차에 사용되는 반도체의 수량이 증가함에 따라 반도체가 차지하는 비용도 지속적으로 늘어나고 있다. 또한 자동차엔 개인용 PC와 스마트폰과는 비교할 수 없을 정도로 많은 메모리반도체가 사용된다. 일반적으로 전기자동차 1대당 차량용 메모리반도체가 200개 이상 필요하다. 지금 자동차에서 일어나고 있는 디지털 전환(Digital Transformation)의 핵심엔 바로 메모리반도체가 있는 셈이다.

차량용 메모리반도체는 보통 프로세서와 함께 사용되면서 필요한 정보를 저장하고 빼내는 역할을 수행하게 된다. 내연기관의 자동차엔 시스템반도체뿐만 아니라 메모리반도체도 그리 많이 쓰이지 않았다. 하지만 자동차가 전기자동차로 바뀌면서 점차적으로 메모리반도체도 많이 사용되기 시작하였다. 앞으로 차량용 메모리반도체의 수요 증가율이 D램과 낸드플래시 모두 연평균 30% 가까이 성장하게 될 거로 전망하고 있다.

한편 그동안 마이크론은 차량용 메모리반도체 사업에 많은 투자를 하였기 때문에 이미 차량용 메모리반도체 시장의 50% 이상을 장악하고 있다. 이에 비해 삼성전자와 SK하이닉스는 본격적으로 시장에 진입한 시기가 마이크론에 비해 늦은 편이다. 그리고 차량용 메모리반도체의 시장도 규모가 점점 커지다 보니 결코 무시할 수 없는 시장이 되었다.

나아가 자동차에서 자율주행의 점진적 고도화는 메모리반도체 수요의 증가에 영향을 미치게 되는 거를 의미한다. 자율주행차가 수집해야 하는 데이터의 양이 급속하게 증가하고 연산이 빨라지면서 메모리반도체가 더욱 많이 필요해지고 있기 때문이다. 특히 최근 자동차에서 자율주행뿐만 아니라 동영상 스트리밍, 고해상도 지도와 고사양 게임 등과 같은 인포테인먼트가 발전하면서 고성능 및 고용량의 메모리반도체 수요가 늘어나고 있다. 아울러 메모리반도체의 교체주기는 3~4년으로 과거보다 크게 빨라지고 있으며 성능과 용량도 서버와 비슷한 수준으로 높아지고 있다.

시장조사 기관인 스트래티지애널리틱(SA)에 따르면 ADAS용 메모리반도체 시장은 2021년 4억 800만 달러(약 4,863억 원)밖에 되지 않았다. 하지만 2026년까지 매년 27%씩 성장하면서 2026년 13억 6,700만 달러(약 1조 6,300억 원) 규모의 시장이 될 거로 예측한다. 이어 2027년 15억 3,400만 달러(약 1조 8,300억 원), 2028년엔 16억 6,500만 달러(약 2조억 원)에 이를 거로 예상한다. ADAS용 메모리반도체만 5년 후 4배 이상 성장하게 되는 셈이다.[26] 이에 따라 차량용 메모리반도체가 중요한 시장 중 하나가 될 게 분명해 보인다.

---

[26] 박진우, "성장 잠재력 크다, 삼성전자 · SK하이닉스, 車 메모리 반도체 집중 육성", 조선비즈 2022년 2월 25일 (https://biz.chosun.com/it-science/ict/2022/02/25/WPSRORP55VHUTHPYUAL-4HAPOLY/)

나아가 자율주행차의 ADAS 부문뿐만 아니라 인포테인먼트 부문에도 메모리반도체가 많이 쓰이게 된다. 자동차는 더 이상 단순한 이동수단이 아닌 또 하나의 라이프 플랫폼으로 진화하고 있다. 따라서 미래의 자동차는 주행을 위한 성능을 넘어 탑승자에게 보다 안락한 환경과 생산적인 경험을 제공해야만 한다. 이를 위해 인포테인먼트가 중요한 역할을 하게 된다. 아울러 차량용 인포테인먼트에 사용되는 메모리반도체도 우수한 성능과 높은 신뢰성이 요구된다.

뿐만 아니라 2040년이 되면 ADAS와 인포테인먼트가 전체 차량의 80%에 탑재될 거로 예상하고 있다. 특히 자율주행의 고도화에 따라 데이터의 사용이 늘어나면서 차량용 메모리반도체뿐만 아니라 서버용 메모리반도체의 수요도 동시에 증가할 거로 보인다. 따라서 자율주행의 발전이 메모리반도체에 미치는 영향이 매우 클 거로 예상을 하고 있다. 이외에도 아래의 〈표 6〉과 같이 차량의 다양한 부분에 메모리반도체가 쓰이고 있다.

〈표 6〉 차량용 메모리반도체 솔루션

구분	DRAM	NAND
인포테인먼트/디지털 클러스터	4~64GB	64~512GB
ADAS/자율주행	4~64GB	8~32GB
연결성(Connectivity)	0.5~2GB	4~32GB
뒷자석(Rear-Seat)엔터테인먼트	4~16GB	64~256GB
고해상도 내비게이션 지도(HD-Maps)	0.5~1GB	8~512GB
사고 녹화 장치(Accident Recording)	1~4GB	8~512GB

자료: SK 하이닉스

09 ▷ 미래의 자율주행용 반도체

미래의 자율주행차엔 다양한 소재의 반도체가 사용될 수 있을 거로 예측할 수 있다. 이를 위해 많은 국가의 연구기관과 기업에서도 다양한 소재를 활용한 차량용 반도체를 개발 중이다. 기존 Si(실리콘)는 차량용 반도체로 사용하는 데 한계가 있기 때문이다. 특히 자동차는 무엇보다 사람이 이용하기 때문에 안전성이 확보되어야만 한다. 이런 이유로 자동차는 외부의 아무리 가혹한 상황에서도 기능이 정상적으로 작동을 해야만 한다. 이를 위해선 자동차에 사용되고 있는 반도체가 혹독한 환경에서도 기능을 무리 없이 수행해야만 한다. 하지만 지금 반도체를 만드는 원료인 Si는 이런 혹독한 환경에서 기능을 수행하는 데 여러모로 한계가 있다. 따라서 자동차가 혹독한 조건의 환경에서도 잘 견디면서 기능을 문제없이 수행할 수 있도록 새로운 소재가 필요한 시점이다. Si보다 나은 새로운 소재를 먼저 개발하는 게 자동차 시장을 선점할 수 있는 기회가 되기 때문에 많은 기업이 개발을 위해 노력을 기울이고 있다. 물론 과거부터 오랫동안 많은 기업이 차량용 반도체에 사용될 수 있는 신소재를 개발하기 위해 큰 노력을 기울여 오고 있지만 그 과정이 순탄치만은 않았다. 많은 시행착오를 겪으면서 지금의 상황에 이르게 되었다.

특히 반도체가 혹독한 환경에서도 잘 견디어 내려면 무엇보다 밴드 갭(Band Gap)이 넓어야만 한다. 밴드 갭이 넓을수록 원자핵으로부터 전자가 이동하기 어렵기 때문에 반도체의 성질이 변하지 않고 그대로 유지될 수 있다. 이를 와이드 밴드 갭 반도체라 한다(Si보다 밴드 갭이 큰 반도체 소재로 전자가 원자핵의 구속을 뿌리치기 더욱 어려운 반도체를 말한다). 예를 들면 전기자동차는 높은 전압과 고온에서도 사용되는 경우가 생각보다 많다. 하지만 실리콘은 전압이나 온도가 올라가면 전자가 수월하게 원자핵의 구속을 뿌리치고 도망가 버리기 때문에 반도체의 특성이 쉽게 변할 수도 있다. 반면 와이드 밴드 갭 반도체는 전자의 전이가 쉽게 일어나기 어려운 환경이다. 그러다 보니 두께가 얇고 크기가 작으면서 높은 전압과 온도의 조건에서도 문제없이 동작할 수 있게 된다.

이와 같은 특성을 가진 반도체는 자동차에 사용하기에 매우 적합하다. 하지만 그런 뛰어난 특성을 지닌 단일원소를 찾아내는 게 쉽지 않은 일이다. 따라서 한 가지 물질로 와이드 밴드 갭 반도체를 만들기 어렵기 때문에 여러 물질을 섞어서 만들게 된다. 이를 다른 말로 화합물반도체라 부르고 있다. 포스트 Si 반도체로 알려진 화합물반 도체는 전기자동차와 자율주행차 시장이 커지면서 많은 인기를 얻고 있다. 대표적인 차량용 화합물반도체는 SiC, GaN 그리고 Ga2O3 등이다. 우선적으로 화합물반도체로 대체하고 있는 게 전력반도체이 다. 전력반도체의 적용이 안정적으로 마무리되면 다른 반도체로도 확대될 거로 예상하고 있다.

이와 같은 화합물반도체는 앞으로 자동차에 더욱 많이 쓰이게 될 거로 본다. 그리고 자동차에 쓰일 수 있는 화합물반도체의 종류도 더 욱 다양해지고 있다. 앞으로 화합물반도체가 차량용 반도체의 대세가 될 거로 예상되며 시장도 급속하게 커지고 있는 상황이다. 나아가 최 근엔 화합물반도체 시장에 진입하는 기업들도 크게 늘어나고 있다.

현재 반도체의 소재로 사용하고 있는 재료는 Si다. Si 이전엔 반도 체의 소재로 한때 게르마늄(Ge)이 사용되기도 하였지만 게르마늄보 다 Si의 특성이 더 우수하다는 이유로 바뀌게 되었다. 마찬가지로 이 제 Si 반도체도 성능을 향상시키는 데 있어 소재 특성상의 한계에 따 라 다양하고 특수한 용도의 애플리케이션에 사용하기 어렵기 때문에 새로운 소재에 대한 니즈가 생겨났다. 하지만 아직 반도체에 사용되 고 있는 Si보다 특성이 우수하고 가격이 저렴한 단일원소 반도체를 발견하지 못하고 있기 때문에 반도체 업계에선 화합물반도체에 많은 관심을 두고 있다. 그리고 예전엔 화합물반도체의 니즈가 부족하였 을 뿐만 아니라 제조하는 비용도 높아서 상용화되기 만만치 않았다.

하지만 지금은 고성능과 저전력의 특성을 가지고 있는 화합물반도체에 대한 니즈가 높아지고 있고 가격도 많이 내려가게 되면서 사용할 수 있게 되었다.

앞서 설명한 대로 화합물반도체는 한 가지 원소가 아닌 두 개 이상의 원소를 섞어서 만든 반도체이다. 화합물반도체로 만든 트랜지스터는 Si로 만든 거보다도 몇 배나 빨리 동작할 뿐만 아니라 온도, 압력, 발열, 주파수와 전력소모 측면에서 매우 유리하다. 나아가 기존 Si 반도체를 화합물반도체로 대체해서 만들게 되면 부피와 무게도 획기적으로 줄일 수 있다. 이에 따라 화합물반도체는 우주산업이나 방위산업과 같은 특수산업에선 이미 널리 쓰이고 있다.

나아가 화합물반도체와 관련된 기술을 보유하고 있는 국가는 이를 핵심기술로 보고 엄격하게 관리 중이다. 아울러 화합물반도체는 Si 반도체보다 제조과정에서 비용이 많이 든다는 단점이 있지만 부가가치가 크기 때문에 자율주행차의 시대에 유망 분야로 떠오르고 있다. 하지만 많은 반도체 기업이 이미 Si 기반의 반도체 생산라인에 적지 않은 자본을 투자한 상황이기 때문에 반도체 기업들이 기존 생산라인을 화합물반도체용으로 전환하여 시장에 뛰어드는 건 쉽지 않은 일이기도 하다. 아울러 국내의 화합물반도체 기술은 아직까지 선진국들과 비교해 뒤처지고 있는 상황이지만 최근 많은 국내 반도체 기업이 시장에 진입하여 계속해서 기술력을 높이고 있다.

한편 지구상엔 다양하고 많은 원소들이 있지만 반도체 소재로 사용될 수 있는 원소는 그리 많지 않은 상황이다. 과거부터 Si 반도체를 대체하기 위해 다양한 분야에서 많은 노력을 꾸준하게 기울여 오고 있지만 아직 Si 반도체를 대체하기에 적합한 단일원소는 발견되고 있지 않다. 물론 앞으로 반도체로 사용하기에 우수한 특성을 가진 원소를 발견할 수도 있지만 반도체 소재로 사용하기에 가격이 너무 비싸면 문제가 된다. Si가 반도체로 사용될 수 있었던 거도 반도체로 사용하기에 기능적으로 적합할 뿐만 아니라 가격이 저렴하다는 게 주효하였다. 차량용 반도체도 마찬가지이다. 차량용 반도체로 사용하기에 적합한 단일원소를 찾기가 쉽지 않았기 때문에 다소 비용이 비싸더라도 다양한 원소를 적절하게 혼합하여 사용할 수밖에 없는 게 현 상황이다.

테슬라 그리고 도요타와 같은 기업들은 다른 기업들보다 먼저 화합물반도체를 적용한 자동차를 생산하였다. 이들 기업으로부터 자극을 받아 현대자동차, BYD, 르노, BMW와 GM 등이 연달아 화합물반도체를 자사의 차량에 탑재하였으며 다른 완성차 기업들도 화합물반도체를 자사의 차량에 탑재할 예정이다. 특히 SiC는 Si에 탄소를 결합한 반도체로 자동차의 주행거리를 최대 10%까지 늘릴 수 있는 장점이 있다.

이에 따라 테슬라는 2018년부터 ST 마이크로로부터 공급받은 SiC 전력반도체를 자사 모델 3의 인버터에 적용하였으며, 도요타는 2014년부터 SiC 전력반도체를 적용한 하이브리드 자동차를 생산하였다. 앞으로 화합물반도체는 자동차에 더욱 많이 사용될 거로 예상할 수 있다.

자동차에 주로 사용되고 있는 반도체는 SiC 전력반도체이지만 앞으로는 더욱 다양한 분야에서 화합물반도체가 사용될 거로 본다. 또한 SiC 반도체는 아직 6인치 웨이퍼로 만드는 게 일반적이지만 몇 년 내에 8인치 웨이퍼로 전환되면서 시장이 본격적으로 성장기에 진입할 거로 예상된다.

GaN은 SiC와 비슷한 성능을 보유하고 있지만 비용에 대한 절감 가능성이 큰 거로 알려져 있다. 그리고 GaN은 뛰어난 전자 이동성, 강한 파괴 전압과 우수한 열전도의 특성을 보유하고 있다. SiC와 GaN의 특성을 비교해 보면 SiC는 고전압에 강하고 GaN은 고주파에 강한 편이다. 나아가 SiC 반도체가 GaN 반도체보다 먼저 연구되기 시작하였기 때문에 SiC 반도체가 더 빨리 상용화되고 있다. 뿐만 아니라 전기자동차 시장에선 GaN 반도체보다 SiC 반도체를 더 선호하고 있다. SiC 반도체는 GaN 반도체 대비 비싼 가격이지만 기존 Si 반도체 장비로도 제조가 가능하기 때문이다.

앞으로도 미세화의 진전에 따른 발열 문제와 본질적 기능에 대한 개선을 위해 차세대 반도체의 필요성이 대두되고 있는 상황이기 때문에 화합물반도체의 활용이 지속해서 확대될 거로 전망된다. 화합물반도체는 여전히 Si 반도체보다 고가이지만 제조역량이 개선되고 응용분야가 확대되면서 가격경쟁력도 지속적으로 높아질 거로 본다.

〈표 7〉화합물 반도체의 소재별 특징 및 응용 분야

구분	주요내용		개발단계
SiC (탄화규소)	특징	고전압에서 견딜 수 있으며, 전력변환 효율 우수	상용화 단계
	응용	전기차, 태양광 등 신재생에너지 인버터	
GaN (질화칼륨)	특징	실리콘 공정 호환성 우수, 고속 동작, 소형화 가능	
	응용	고속충전시스템, 자동차 LiDAR, 통신 등	
Ga2O3 (산화칼륨)	특징	SiC, GaN 대배 고전압 동작 및 고집적화, 경량화 가능	상용화 단계
	응용	신재생에너지 인버터, 모터 제어 IC, 통신 등	

자료: 산업통상자원부

그럼 화합물반도체의 다양한 종류와 화합물반도체 시장에 진입하고 있는 기업들에 대해 구체적으로 알아보도록 한다.

❶ 탄화규소(SiC) 반도체

SiC 반도체는 탄소와 규소를 1대 1로 고온에서 결합한 화합물로 우리나라 말로는 탄화규소라 한다. SiC 반도체는 다이아몬드 다음으로 단단할 뿐만 아니라 투명한 성질을 가지고 있는 게 특징이다. SiC 반도체는 전력 분야에 가장 적합하여 전력반도체에 먼저 적용이 되었다. 하지만 앞으로는 더욱 다양한 반도체에도 적용될 가능성이 크다.

나아가 SiC 반도체는 가장 많이 쓰이고 있는 화합물반도체로 자동차를 포함한 다양한 애플리케이션에 사용되고 있다. SiC 반도체는 고전압과 고내열성을 가지고 있을 뿐만 아니라 밴드 갭은 Si 반도체와 비교해 3배가 넓어 전기자동차와 전력변환 장치 등에 많이 사용된다. 특히 SiC 반도체는 안전성과 범용성을 모두 가지고 있는 장점이 있지만 제조과정에서 비용이 많이 드는 단점이 있다. 지금도 각 국가의 기업마다 시장을 선점하기 위해 SiC 반도체를 개발하려는 경쟁이 치열하게 진행되고 있다.

SiC 반도체 사업을 진행하는 기업들은 크게 두 가지 종류가 있다. 하나는 SiC 웨이퍼를 공급하는 기업이고 다른 하나는 SiC 반도체를 만드는 기업이다. 전자엔 울프스피드(Wolfspeed: 최근 크리는 사명을 울프스피드(Wolfspeed)로 바꾸고 Si에서 SiC로 사업을 전환하였다), 투식스(II-VI), 온세미컨덕터, 사이크리스탈(SiCrystal, Rohm의 자회사)과 SK 실트론 등이 있다. 후자엔 인피니언, 롬(Rohm), TI, 온세미, ST 마이크로, 르네사스, 아날로그 디바이스(Analog Devices)와 LX 세미콘 등이 있다(파운드리 기업인 DB 하이텍 등과 같은 기업도 SiC 반도체를 위탁받아 제조할 예정이다. 나아가 SiC 웨이퍼를 제조하면서 SiC 반도체를 만드는 기업들도 있다).

아래 〈그림 47〉의 최근 SiC 웨이퍼 제조기업의 점유율을 보면 1위인 울프스피드가 62%로 3분의 2 가까이 차지하고 있다. 2위는 투식스로 14%를 점유하고 있으며 3위는 사이크리스탈로 13%를 점유하고 있다.

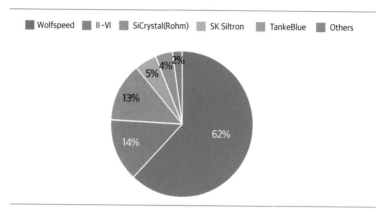

자료: Yole development

시장조사업체인 욜 디벨롭먼트(Yole Development)에 따르면 SiC 웨이퍼 기반 전력반도체 시장이 지난해 1조 1,000억 원에서 2030년 에는 12조 2,800억 원까지 성장할 거로 전망을 하고 있다. 이 중에서 차량용에 사용되는 SiC 반도체가 대부분이며 80% 이상 차지할 거로 보인다.

국내에서도 규모가 큰 기업들을 위주로 SiC 반도체에 대한 대규모 투자가 이어지고 있다. SK는 국내 유일의 SiC 반도체의 설계와 제조를 진행하고 있는 기업인 예스파워테크닉스에 1,200억 원을 투자해 인수하였다. 나아가 SK 실트론은 2020년 미국 듀폰의 SiC 웨이퍼 사업부를 인수하여 본격적으로 SiC 사업에 뛰어들었다.

뿐만 아니라 SK 실트론의 미국법인은 미시건주에 SiC 웨이퍼 공장을 건설하고 있으며 구미공장에도 1,900억 원을 투자해 공장을 증설하고 양산까지 진행하고 있다.

세계 2위 전력반도체 기업으로 알려진 온세미컨덕터는 SiC 반도체 개발을 위해 부천에 1조 4,000억 원을 투자하여 공장을 건설하고 있다. 앞서 설명한 DB 하이텍은 음성에서 8인치 파운드리로 SiC 반도체를 위탁받아 생산할 예정이며 LX 세미콘도 청주에서 SiC 반도체를 설계하고 제조할 예정이다.

한편 균일한 밀도를 가진 SiC 웨이퍼를 높은 수율로 만드는 게 SiC 반도체의 경쟁력과 직결된다. 이런 웨이퍼를 만들 수 있어야 가격경쟁력뿐만 아니라 우수한 성능과 신뢰성을 가질 수 있기 때문이다. 이와 같은 이유로 많은 SiC 반도체 기업이 SiC 웨이퍼의 제조도 내재화하려 하고 있다. 아울러 반도체 기업 중에 웨이퍼를 이미 내재화하였거나 내재화하려는 기업은 온세미컨덕터, ST 마이크로, 로옴과 인피니언 등이다.

② 질화갈륨(GaN) 반도체

저전력반도체의 핵심엔 GaN 반도체가 있다. GaN 반도체는 광소자와 전자소자로 나눌 수 있으며 광소자인 LED 반도체의 약 80%가 GaN을 사용하고 있다. GaN은 갈륨과 질소를 결합한 화합물로 질화갈륨, 또는 갈륨 나이트라이드(Gallium Nitride)라고도 말한다. GaN은 단단한 육각형 결정구조를 가지고 있으며 실리콘에 비해 전력손실이 적기 때문에 전력효율성이 매우 뛰어나다. 그리고 높은 주파수, 전압과 온도에서 낮은 전력손실로 동작이 가능하며 에너지 손실이 Si

에 비해 75%나 감소한다. 특히 고속 스위칭 구동이 가능하며 낮은 온저항(Impedence)으로 고전력밀도 및 고효율의 시스템을 구현할 수 있다. GaN 반도체도 자동차 뿐만 아니라 IT, 가전 그리고 신재생에 너지 등의 다양한 애플리케이션에 사용이 가능하여 SiC 보다 응용범위가 넓다는 게 큰 장점이다. 현재 GaN은 전기자동차의 배터리 충전, 전력변환용과 라이다 드라이버용의 전력반도체로 주로 사용되고 있다. 나아가 GaN 반도체는 기존의 Si 반도체의 공정과 호환성이 뛰어난 편이다.

GaN 반도체는 전기자동차 분야에서 아직 초기의 단계라 볼 수 있지만 앞으로 GaN 반도체도 SiC 반도체와 마찬가지로 큰 성장이 기대되고 있다.

욜디벨롭먼트가 조사한 자료에 따르면 GaN 전력반도체 시장은 2021년 1.26억 달러에서 오는 2027년엔 20억 달러로 6년간 15배가 넘게 커지면서 연평균 59%의 성장률을 기록할 거로 전망하고 있다. 특히 자동차 분야가 가장 성장률이 클 거로 전망하였다. 이에 따라 2021년 530만 달러에서 2027년엔 3억 달러로 연평균 97%의 성장률을 보일 거로 예상하고 있다.

이와 같이 GaN 반도체는 다양한 장점이 있지만 제조과정이 까다롭고 칩 생산기술의 구현도 어려워 기술적 난이도가 매우 높은 편이다. 이런 이유로 GaN 반도체가 아직 대부분 6인치 웨이퍼에 머물고 있다.

이에 따라 인피니언, ST 마이크로와 TSMC 등과 같은 글로벌 소

수 기업만이 상용화에서 앞서 나아가고 있다. 그리고 GaN 전력반
도체의 최대 공급기업으론 내비타스(Navitas)가 있다. 시장조사업체
인 트렌드포스(TrendForce)의 조사에 따르면 최근 내비타스는 글로벌
GaN 전력장치 시장에서 점유율 29%로 1위를 기록하고 있다.

국내 기업들을 살펴보면 시지트로닉스(Sigetronics)가 100−605V
급 GaN 전기장효과 트랜지스터 개발을 끝마치고 양산을 준비하고
있으며 아모센스(Amosense)는 GaN 전력반도체를 개발하고 있다. 그
리고 에이프로(A-Pro) 세미콘은 고전압 GaN 반도체의 양산에 성공
하였으며 RFHIC도 GaN 트랜지스터를 개발하여 고객들에 공급하
고 있다. 또한 GaN 에피(Epi) 웨이퍼를 생산하는 기업으로 아이브이
웍스(IVWorks)란 기업이 있다. 이 기업은 웨이퍼 상에 GaN 소재의
박막을 여러 층으로 쌓아 4, 6, 8인치 웨이퍼를 생산하고 있다.

GaN 에피 웨이퍼를 생산할 수 있는 기업은 전 세계적으로 울프스
피드와 스미토모 화학(Sumitomo Chemical) 등의 몇 개 기업에 불과한
거로 알려져 있다. 에피는 기판상에 반도체 물질이 전도성(3차원적 원
자 스케일 규칙성)을 갖도록 얇은 막을 성장시키는 공정을 의미한다.

나아가 국내 대기업으로 SK 실트론은 영국 웨이퍼 생산기업인
IQE와 공동으로 GaN 웨이퍼 시장에 진입하기로 결정하였다.

이외에도 로옴, NXP 반도체, 브로드컴, 알파 앤 오메가 반도체
(Alpha & Omega Semiconductor), 파나소닉(Panasonic), LX 세미콘과
DB 하이텍 등과 같은 기업들이 GaN 반도체의 개발에 뛰어들어 경
쟁하고 있다.

앞으로 완전 자율주행차의 시대가 오게 되면 전력반도체의 사용
이 급증할 수밖에 없다. 그리고 GaN 반도체는 자율주행차에 반드시
필요한 중요한 부품이다. GaN 반도체가 자율주행차에 필요한 이유
는 차량 내 컴퓨팅의 중요성이 높아지면서 자동차 배터리의 효율성
과 전력소비를 최소화해야만 하기 때문이다. GaN 반도체는 전기자
동차의 배터리에서 구동력(Drive Train)에 이르는 전력변환의 효율을
높여 같은 소형 배터리를 사용해도 주행거리가 늘어나 전기자동차의
고질적 문제인 주행거리의 불안을 덜어준다. 나아가 불필요한 전력
손실을 방지해 카본 뉴트럴(온실효과 가스 배출량 실질 제로)의 실현에
도 한 발자국 더 다가갈 수 있다.[27]

뿐만 아니라 GaN 반도체의 지속적인 연구결과에 따라 GaN 반도
체의 가격경쟁력도 높아질 거로 본다.

앞으로 GaN 반도체 시장은 큰 성장이 기대되고 있지만 국내 수
요 기업들은 대부분 수입에 의존하고 있다. 따라서 우리나라 정부에
서도 GaN 반도체를 육성하기 위해 많은 노력을 기울이고 있다.

❸ 산화갈륨(Ga2O3) 반도체

Ga2O3 반도체는 SiC와 GaN 반도체보다 밴드 갭이 더 넓기 때문에
울트라 와이드 밴드 갭(Ultra-Wide Band Gap; UWBG) 반도체로 불

---

27) 성유창, "SiC · GaN, 車 전력반도체 핵심 급부상" e4ds 뉴스 2022년 2월 15일
   (https://www.e4ds.com/sub_view.asp?ch=2&t=0&idx=14267)

린다. Ga2O3 반도체는 약 4.8eV(Electron Volt, 원소를 이루는 전자 에너지의 크기나 어떤 에너지 상태를 나타낼 때 사용된다)의 초광대역 밴드 갭 에너지를 가지고 있다. 이는 기존의 반도체 소재인 Si(1.1eV)뿐만 아니라 SiC(약 3.4eV)와 GaN(약 3.3eV)을 능가하는 밴드 갭 에너지이다. 나아가 Ga2O3 반도체는 높은 전압에서 견디는 성능도 SiC와 GaN 반도체보다 우수하다.

나아가 Ga2O3 반도체는 높은 전압과 온도에서도 더 높은 전력효율을 가지고 있어 탄소중립을 실현할 수 있는 친환경 반도체이다. 그리고 Ga2O3 반도체는 SiC와 GaN 반도체보다 우수한 특성을 가지고 있는 거로 평가를 받고 있다. 이에 따라 전기자동차뿐만 아니라 태양광과 풍력발전 같은 다양한 애플리케이션에 응용이 가능하다.

더욱이 Ga2O3은 용액 상태에서 품질이 우수한 큰 면적의 웨이퍼로 만들 수 있기 때문에 저비용으로 생산할 수 있다. 따라서 Ga2O3은 SiC와 GaN 소재와 비교해 웨이퍼의 제조비용이 25% 정도 수준밖에 되지 않는다. 게다가 SiC와 GaN 소재에 비해 전력변환 효율도 약 3% 높일 수 있을 뿐만 아니라 전력변환 모듈 크기도 30% 이상 작게 만들 수 있다. 아울러 칩도 30%에서 50%까지 작은 크기로 만들 수 있어 동일한 웨이퍼 대비 칩을 3배 더 생산할 수 있다. 하지만 Ga2O3 반도체는 밴드 갭이 매우 넓은 만큼 전기전도도가 떨어진다는 단점이 있다. 그럼에도 불구하고 Ga2O3 반도체는 2025년까지 전력반도체 시장의 10% 이상을 차지할 수 있을 거로 전망하고 있다.

현재 Ga2O3 반도체 시장은 일본이 가장 앞서고 있는 거로 평가

받고 있다. 특히 Ga_2O_3 반도체는 일본 NCT(Novel Crystal Technol-ogy)가 독점하고 있으며 NCT는 이미 7년 전인 2016년에 2인치 에피 웨이퍼의 상용화에 성공하였다.[28] 또한 2021년 NCT는 세계에서 처음으로 4인치(100mm) Ga_2O_3 웨이퍼를 양산하고 있으며 6인치도 이미 개발을 끝낸 거로 알려지고 있다. 나아가 미쓰비시중공업, 덴소와 일본정책투자은행 등이 자본을 투자해서 설립한 교토대 스타트업인 플로스피아(Flosfia)가 Ga_2O_3으로 만든 새로운 전기자동차용 전력반도체를 양산하기 시작하였다. 이를 통해 전기자동차의 주행거리를 10% 늘릴 수 있게 되었다.

하지만 Ga_2O_3 반도체는 SiC와 GaN 반도체보다 상용화가 늦어져 아직 어느 기업도 시장을 선점하고 있지 않은 상황이다. 그리고 우리나라 기업들도 SiC와 GaN 반도체 시장에서 진입이 늦었던 거를 만회할 수 있는 기회이다. 미국, 일본 그리고 유럽 등의 연구기관에서도 이미 자국 정부의 체계적 지원을 받으며 개발을 진행하고 있다. 뿐만 아니라 중국도 많은 기업이 이미 Ga_2O_3 반도체의 개발을 진행하면서 한국보다 앞서 나아가고 있다. 이에 따라 최근 미국 상무부 소속 산업안보국(BIS)은 Ga_2O_3 소재가 반도체로 만들어져 군사적으로 사용될 가능성이 크다고 보고 Ga_2O_3 소재에 대해 중국으로의 수출통제에 나서게 되었다.

한편 한국은 ETRI(한국전자통신연구원)에서 2019년 Ga_2O_3을 이

---

28) 임동식, "산화갈륨 전력반도체 국산화…日 독점 깬다" 전자신문 2021년 5월 9일
(https://www.etnews.com/20210507000176?mc=ns_002_00002)

용하여 2,300V의 고전압에서 동작할 수 있는 전력반도체 트랜지스터인 모스펫(MOSFET)을 개발하였다. 나아가 최근 파워큐브세미는 Ga2O3 반도체를 양산하기 위해 전용 팹을 건설하였다. 파워큐브세미는 화합물반도체를 전문적으로 취급하고 있는 국내 팹리스 기업이다.

이에 따라 현대자동차는 파워큐브세미와 협력하여 완성차 기업으론 최초로 Ga2O3 전력관리 반도체(PMIC)를 개발하고 있다. 양사의 협력은 파운드리의 생산 협력을 넘어 차세대 차량용 반도체를 위한 다른 협력으로 이어질 수 있을 거로 예상한다.

나아가 전 세계 Ga2O3 반도체의 시장규모는 2020년 870억 달러를 돌파하였으며 2021에서 2030년까지 연평균 성장률 66.9%를 기록할 거로 전망하고 있다. 이는 GaN 반도체보다도 시장이 커질 거란 점에서 많은 기대를 받고 있다.

결론적으로 Ga2O3 반도체는 다른 화합물반도체보다 고성능이지만 가격은 더 저렴하다는 점이 많은 관심을 받는 이유라 할 수 있다. 따라서 앞으로 Ga2O3 반도체가 다른 화합물반도체를 대체할 가능성도 있을 거로 보고 있다.

결론

　　지금까지 차량용 반도체를 넘어 모빌리티용 반도체의 전반적인 상황에 대해 알아보았다. 차량용 반도체는 더 이상 자동차에만 사용되는 반도체가 아니다. 차량용 반도체가 모빌리티용 반도체로도 확대되고 있기 때문이다. 특히 모빌리티 시장은 이제 초기 단계에 불과하고 앞으로 시장에 나오게 될 모빌리티의 종류도 매우 다양해질 거로 예상할 수 있다. 이에 따라 모빌리티 시장은 반도체 기업으로선 매우 매력적인 시장이다. 지금도 많은 반도체 기업이 모빌리티 시장에 진입하고 있기 때문에 모빌리티 시장에서의 경쟁도 더욱 치열해질 거로 예상된다.

　　나아가 차량용 반도체에서 경쟁력을 보유하고 있는 기업이라 하더라도 모빌리티 시장에서도 반드시 유리하다고만 볼 수 없다. 모빌리티의 종류에 따라 고객의 니즈가 다양하기 때문에 이런 니즈를 잘 파악하고 대처해 나아갈 수 있는 기업만이 고객의 선택을 받게 될 거기 때문이다. 특히 반도체 기업은 미래의 모빌리티에 어떤 반도체가 어떻게 사용될지 예측하기 쉽지 않기 때문에 모빌리티 기업과의 커뮤니케이션은 필수이다. 기본적으로 모든 모빌리티에 사용되는 범용 반도체도 많겠지만 모빌리티의 용도에 맞는 커스텀반도체도 많이 필요해질 수 있다고 본다. 따라서 반도체 기업은 고객의 모빌리티 제품에 대해 많은 정보를 얻을 수 있도록 모빌리티 기업과 신뢰를 쌓는 일도 중요하다.

지금의 모빌리티 시장은 반도체 기업으로선 마치 안개가 쌓여 있는 도로의 상황과도 같다고 볼 수 있다. 하지만 반도체 기업에 모빌리티가 미래의 가장 중요한 시장이 될 거로 보고 모빌리티 시장을 선점하는 반도체 기업이 반도체 시장을 선도해 나아갈 거로 전망하고 있다. 특히 모빌리티 시장은 자동차 관련 기업뿐만 아니라 빅테크 기업, 전자 기업과 스타트업 기업 등이 진입하고 있다. 그만큼 모빌리티 시장의 판이 커지고 있는 셈이다. 따라서 어떤 반도체 기업이든 모빌리티 시장을 소홀하게 여길 수 없는 상황이 되었다.

하지만 많은 완성차 기업과 빅테크 기업이 자사에 들어가는 모빌리티용 반도체의 내재화를 진행하고 있는 건 반도체 기업으로서 큰 위기일 수 있다. 특히 반도체는 모빌리티의 경쟁력을 좌우할 수도 있는 중요한 핵심부품이기 때문에 모빌리티 기업이 반도체의 개발을 포기하기는 쉽지 않은 일이다. 따라서 반도체 기업도 나름대로 모빌리티 기업의 반도체 개발에 대응할 수 있는 전략이 필요하다.

차량용 반도체와 모빌리티용 반도체는 시간이 지날수록 중요성이 커질 거로 예상된다. 따라서 대부분의 완성차 기업이나 모빌리티 기업은 할 수 있는 범위 내에서 최대한 반도체를 내재화하려 노력할 거로 보인다. 반면 반도체 기업은 어떻게 해서든 이들 기업의 차량뿐만 아니라 모빌리티에도 자사의 반도체를 탑재시키려 노력할 수밖에 없다. 물론 완성차 기업이나 모빌리티 기업 모두가 반도체를 내재화할 수 없을 거로 보임에 따라 내재화가 불가능한 반도체는 반도체 기업에 기회가 될 수도 있다.

나아가 차량용 반도체의 성능도 지속적으로 높아지고 있다. 기존의 내연기관 자동차에선 대부분 차량을 구동시키기 위한 반도체가 주를 이루고 있었기 때문에 성숙공정의 반도체만으로도 차량을 만들기에 충분하였다. 하지만 지금은 차량에 ADAS, V2X 통신 그리고 인포테인먼트 등과 같은 새로운 기능이 도입됨에 따라 EUV 장비를 활용한 첨단 반도체도 필요해지게 되었다. 뿐만 아니라 차량이 점진적으로 자율주행으로 전환이 가속화되면서 첨단 반도체가 더욱 필요해질 수밖에 없는 상황으로 이어지고 있다. 이에 따라 기존의 전문 차량용 반도체 기업만이 누리던 특권을 첨단 반도체를 설계하고 있는 기업들도 누릴 수 있게 되었다. 하지만 자동차에서 모빌리티로의 전환으로 차량용 반도체 시장이 성장함에 따라 대규모 기업뿐만 아니라 소규모 기업도 시장에 진입하고 있다. 이와 같은 상황에도 불구하고 모빌리티용 반도체 시장은 아직 어느 기업도 선점하고 있지 않은 실정이다. 특히 모빌리티용 반도체 시장은 모빌리티 산업의 발전과 더불어 앞으로 급성장하게 될 거로 예상하고 있다. 이에 따라 모빌리티 시장을 먼저 선점하려는 반도체 기업들의 움직임이 빨라지고 있다.

한편 전기자동차와 자율주행차의 시대엔 화합물반도체 시장도 많은 주목을 받을 거로 보인다. 특히 화합물반도체는 Si 반도체보다 여러 가지 측면에서 특성이 우수하기 때문에 차량에 탑재가 늘어나게 되어 시장도 급속도로 성장할 거로 전망할 수 있다. 따라서 각국의 다양한 기업이 시장을 선점하기 위해 적극적으로 뛰어드는 상황이다. 하지만 아직까지는 시장이 초기 단계이기 때문에 어느 기업이나 기회는 있다.

마지막으로 자율주행차에 들어가는 반도체에 대해 깊이 있게 공부하면서 많은 지식을 쌓을 수 있었다. 그동안 책을 쓰면서 어려움도 있었지만 아직 완전히 다가오지 않은 모빌리티 시대의 미래에 대해 상상하면서 글을 쓰는 일은 언제나 즐거운 일이었다.

지금까지 부족한 글을 끝까지 읽어준 독자분들과 지금의 내가 존재할 수 있도록 도움을 주신 많은 분들에게도 감사를 드린다. 아울러 부모님을 비롯한 아내와 아들에게도 고마움을 전하고 싶다.